THE ART OF MAKING A TRUE PROFITS

可視化会計

本当の利益を掴む術

有限会社マーフシステム 代表取締役
税理士 稲垣保

SOGO HOREI PUBLISHING CO., LTD

はじめに

本書は、会社の資金繰りをラクにし、倒産しない会社づくりを考えている**非上場会社**の経営者や経理担当者および会計専門家のための世界初のお金の中身で財務が解る会計の本です。

経営とは、人・物・金を活用して利益を上げることだと言われます。ここで言われる利益とは、「**利益のお金**」だと考えます。そして、「お金」には、「利益のお金」と「借金のお金」があり、この2つの「お金」を活用して、「利益のお金」を増やし残すことだと考えます。

事業活動で動く「お金」には、「利益のお金」と「借金のお金」が動いて日々の現

原書の巻末に掲載された註記は、
三笠書房ホームページ内で閲覧・ダウンロードしていただけます。
https://www.mikasashobo.co.jp

SAME AS EVER《セイムアズエバー》
この不確実《ふかくじつ》な世界《せかい》で成功《せいこう》する
人生戦略《じんせいせんりゃく》の立《た》て方《かた》

著　者——モーガン・ハウセル
訳　者——伊藤みさと（いとう・みさと）
発行者——押鐘太陽
発行所——株式会社三笠書房
〒102-0072 東京都千代田区飯田橋3-3-1
https://www.mikasashobo.co.jp
印　刷——誠宏印刷
製　本——若林製本工場

ISBN978-4-8379-5818-5 C0030

本書へのご意見やご感想、お問い合わせは、QRコード、
または下記URLより弊社公式ウェブサイトまでお寄せください。
https://www.mikasashobo.co.jp/c/inquiry/index.html

会社を起業して、利益を稼ぐということは、例えば、商品を仕入価格よりより高値で売却して「利益のお金」を稼ぐことです。このとき、「利益」と「利益のお金」は、必ず一致するはずです。

必ず一致するという理由は、商取引は必ず相手がいるからです。つまり、売上相手がいるから売上代金の「利益のお金」が入るものであり、仕入相手がいるから仕入代金の支払いとして「利益のお金」が出ていくことになります。

入ってきた「利益のお金」より出ていった「利益のお金」が少なければ、「利益のお金」が残っていることになります。

逆に、入ってきた「利益のお金」より出ていった「利益のお金」が多ければ、「利益のお金」は残っていません。

このときの「マイナスの利益のお金」は、「借金のお金」で賄われていることになります。

つまり、「マイナスの利益のお金」とは、「損のお金」ではなく、「借金のお金」で賄われているということになります。そして、「借金のお金」で賄われているということは、損をしているということになります。

なぜなら、目に見えている現金（可視貨幣）は、1つにしか見えませんが、その中身は、2つの現金（不可視貨幣である「利益の現金」と「借金の現金」）で構成されているからです。そこには「損のお金」は入っていません。

現実の「現金」そのものには、色が付いている訳ではありませんので、どちらの現金が動いているかは特定することはできません。

しかし、日々の取引終了時の「現金残高」は、この目に見えない2つの現金つまり「利益の現金」と「借金の現金」で構成されていることになります。

では、例題でお話ししたいと思います。

あなたが、今まで会社勤めで蓄積した現金500万円と創業資金融資300万円を借り入れして合計800万円の資金調達をして起業した経営者だと思ってください。

ここで、あなたに質問します。

この調達資金の合計800万円をお金の性格の違いで2つに区分するとしたら、どのように区分しますか?

「自分で稼いだ現金(=利益のお金)500万円」と「借金の現金(=借金のお金)300万円」の2つに区分することでしょう。

資金を調達したあなたなら分かる話だと思います。そして、この2つの区分を否定する人はいないと思います。

そして、次に、この2つに区分した現金の働きは、まったく同一の支払機能を持っている現金であるということも分かる話だと思います。

つまり、起業して会社経営をすると、この2つの性格の違う現金がぐるぐると動き出して、資金繰りをしながら、「利益のお金」と「借金のお金」の増減が始まっていくことになります。

そして、1カ月が経過して、「利益のお金」の残高の増減と「借金のお金」の増減がどうなっているかを経営者は知りたいと思っています。

しかし、現行会計ではそこが分からないので、経営者の中に不満を感じている人もいます。

本書でお伝えする「時点利益資金会計」では、はっきりとそこが分かるのです。これが私の言う「プロフィット・キャッシュフロー経営」であり、これが真のキャッシュフロー経営だと考えます。

ある社長のボヤき

決算打ち合わせ時によくある会計人と社長さんとの会話です。

会計人：社長、今期の利益は500万円です。

社長：そんなに利益は出ていないよ。何かの間違いではないですか？　せいぜい３００万ぐらいだと思うよ。

会計人：でも社長、前期と比較して売掛金が50万増加し、在庫も30万増加しています。それから、１２０万の車も買っているので、利益が５００万出ている計算で間違いありません。

社長：そうですか……（売掛金はまだ入金になっていないし、在庫も車もお金が出て行ってしまったものなのに、これにも課税されるのか……？）

さて、この会計人と社長さんとの会話をどう思われますか？

確かに、現行会計制度のルールでは５００万円の利益が出た計算になるのですが、この利益は、期間損益計算のルールに基づいて計算された株主への配当可能利益です。私は、この配当可能利益を現行会計ルールに基づいて計算された「例外の利益」だと言っています。しかも、この５００万円が税金計算上の課税所得の基準にもなります。

私の提唱する時点利益資金会計では、稼いだ利益のお金500万円から使った利益のお金（50万円＋30万円＋120万円＝200万円）を引いた300万円が残った利益のお金になります。

しかも、この残った利益の300万円から税金を引いた利益のお金が財務を強くする〝本当の利益〟だということです。

そして、税金の計算の基になる課税所得は500万円だということです。法人税率を30％で計算すると、法人税額は150万円となり、300万円の残った利益のお金に対する法人税率は、実に50％になるということです。

このことを強く理解して、無駄な節税に走ることなくまた無駄な出費を極力なくす努力をしないと財務は強くならないという現実を認識すべきです。

社長をするなら、「利益のお金」と「借金のお金」を区分しなさい

一般的に「お金＝現預金」には色は付かないと言われていますが、その根拠の説明がありません。実は、お金の3つの機能のうちの「交換支払機能」の側面から見たら

お金には色は付かないのです。

しかし、「蓄積機能」の側面から見たらお金には、「自分で稼いだ利益のお金」と「借金のお金」があることは少し考えていただければご理解していただけると思います。

問題は、この区分の方法を教えてくれる会計学が世界的に今までなかったことです。

目に見えているお金（可視貨幣）そのものには、色は付きません。しかし、目に見えていないお金（不可視貨幣）には、「利益のお金」（黒字）と「借金のお金」（赤字）があるから、これを区分することが重要になります。

これから、この目に見えていない2つのお金（不可視貨幣）について説明をし、疑問にお答えしたいと思います。

唐突な質問に感じる方も多いと思いますが、改めて「本当の利益」とは何なのでしょうか？　素直に考えてみてください。

本当の利益とは、現実に「利益のお金」として存在していないと意味がありません。なぜなら、「本当の利益」とは、自分で稼いだお金だから、現実的に使えるものなのです。

しかし、現行会計学では、期間損益会計が求める利益がどこに存在しているのか？その説明がありません。その上で、損益計算と資金計算は別物だと述べています。

このように期間損益会計の損益は、売上高から経費を控除した差額という計算上の損益なので、この損益がどこに存在するかの説明ができないのだと思います。

その原因の1つは、期間損益を求めるために商取引以外に減価償却費や引当金などの商取引以外の仕訳を取り込んでいることです。

2つ目の原因は、一定期間のすべての商取引を損益計算書と貸借対照表に区分表示し、その差額として損益計算をしていることにあります。

現行会計は、株主への配当可能利益を報告するための期間損益を計算するために、商取引の損益に商取引以外の決算修正仕訳をし、損益計算書と貸借対照表に区分表示し、その差額として計算した損益だから、当然に、損益計算と資金計算は別に計算するルールになっているのです。

すなわち、損益計算は、売上高と経費の差額として計算をし、資金計算は、入金額と出金額の差額として計算することになっています。

では、商取引上の損益計算の原則は本当に、損益計算と資金計算は別物なのでしょうか？

商売には、必ず相手が存在するから、必ず「お金」が動きます。ですから、信用取引の債権・債務の決済後は、必ず損益計算と資金計算は一致するハズです。

すなわち、売上高等という「利益のお金」の入金額から仕入高等という「利益のお金」の出金額を差引して、プラスであれば「利益のお金」が残っていることになり、マイナスであれば「借金のお金」が残っていることになります。

商売の原則は、儲けのお金を稼いで残すことだと考えます。

そうであるならば、「本当の利益」とは、「儲けのお金」として存在していることが原則だと考えます。

現行会計が、損益計算と資金計算が別物だというのは、別物になるような減価償却・引当金繰入・時価評価などのルールがあるからです。

この期間損益を求めるルールは、株主等への報告会計としては原則だとしても、商売の原則から見ると例外的なルールなのだと考えます。

本当の利益は、商取引から生まれるものなので、現行会計が求める損益計算書と貸借対照表に区分する前の**複式簿記で言う試算表の中に**、本当の利益は隠れていることになります。では、どこに隠れているかお分かりですか?

現在、ほとんどの会計学者・税理士および会計士さんは、株主等への報告会計だけしか学んだことがありません。そのため、この損益と資金の関係を明確に説明できないでいるのが現実となっていると思います。なぜなら、現行の期間損益会計を教える会計学者はいるのですが、時点利益資金会計を教える会計学者がほとんどいない状況だからです。

「利益のお金」が見える時点利益資金会計とは？

昔から「商売は金儲け」と言われていますが、この「金儲け」という場合の「お金」とは、「儲けのお金」であり「自分で稼いだお金」、つまり「利益のお金」だということです。

創業から現在まで一生懸命に商売をした結果「儲けのお金（＝利益のお金）」をいくら稼ぐことができたのか？

また、その「儲けのお金」が今いくら残っているのか？　いないのか？　を明確に把握できる世界初のお金の中身で財務が解る会計のことを「時点利益資金会計」と言います。

つまり、現行会計制度が期間損益を重視した「期間損益会計」であるのに対して、私の言う「時点利益資金会計」は、創業から現在までのすべての商取引を時点で捉える会計です。

現在、「お金には色（性格）が付かない」という考え方が一般的ですが、これは目に見える可視貨幣であるお金には色が付かないと言う意味で、目に見えない不可視貨幣であるお金には、「利益のお金」と「借金のお金」に色（性格）付けができるのです。

つまり、資金（＝現預金）には、「利益のお金」と「借金のお金」の2つのお金があるにもかかわらず、「資金」とか「現金」あるいは「現預金」とかという言い方しかしていない現実があります。

その「現金」は、「利益のお金」なのですか？

それとも「借金のお金」なのですか？

という発想がほとんどありません。まったくないと言ってもいいでしょう。

なぜなら、現在は、お金は1つだという考え方が一般的なので、手元にあるお金が「利益のお金」なのか「借金のお金」なのかという発想すら思い浮かばない次元なので、そういう言い方しかできないのだと思います。

これほどまでに、現行会計学が言われる、損益の計算と資金の計算は別物だと言う思考から抜けきれない、現行会計学に洗脳された人たちが多いのが現実だと思うのですが、いかがでしょうか。

確かに、現実に現金そのものに色付けはできませんし、その必要もありません。それでも、日々の現預金残高は、この2つのお金に区分ができるのです。

ですが、現行の「キャッシュフロー計算書」の区分はそうなっていません。それは、「お金には色が付かない」という会計版の天動説を信じているからだと考えています。しかも、買掛金残高が増加すると、営業キャッシュフローが増加し、良い会社だと判定されます。

買掛金残高が増加したということは、「借金のお金」が増加した会社です。当面の資金繰りには貢献したとしても、財政状態は悪化していることに気付く人はどれほどいるのでしょうか?

このような黒字倒産の足音が聞こえる人がどれほどいるのか、不安でなりません。

社長さんたちが事業活動で稼いだ利益のお金と、その利益のお金の残高が一目で見える「**利益資金管理表**（別名を**倒産防止管理表**と言う）」を用意しています。

一人でも多くの社長さんたちの安全な経営の足がかりのために、また、この理論に賛同していただける多くの会計学者や会計専門家にもお読みいただき、この理論を普及していただけたら幸いに存じます。

２０２４年９月吉日　有限会社マーフシステム　代表取締役

財産経営コンサルタント

税理士　稲垣　保

目次

第1章

あいまいな財務用語のあれこれ

第2章

「お金そのもの」に色は付かないが、「お金」には色が付く

第3章

財務状況を見る前に覚えておきたい、お金のこと

第4章

世界初！利益とお金が一致する「時点利益資金会計」

第5章

倒産防止管理表（利益資金管理表）とお金の損益計算書のつくり方

ブックデザイン：木村勉
ＤＴＰ・図版：横内俊彦
校正：矢島規男

第1章

あいまいな財務用語のあれこれ

「現金」という財務用語について

「現金」が、あいまいな表現だと感じている人は、ほとんどいないと思われます。現金は現金で、他にどんな表現があるのか？　と疑問に思う人が多いでしょう。

しかし、「現金」が財務を考える上ではいかにあいまいな表現かをこれから説明します。

財務を考える上で、私は最も重要な用語の1つに「現金」が挙げられると考えています。

まず、個人の生活上の財務を考える場合と個人や法人の事業活動上の財務を考える場合で「現金」の考え方をハッキリと区分する認識が必要です。しかし、現状は区分する認識がほとんどありません。

ここで質問します。

「個人の生活上の財務を考える場合の現金」と「個人や法人の事業活動上の財務を考える場合の現金」で、「現金」の何をどう区分する認識が必要だと考えますか？

この質問に、世界的に正解の出せる会計学者や会計専門家が何人いらっしゃるでしょうか？

ちなみに、インターネットで「財務上の現金を区分する方法」で検索するといろいろと出てきます。また、チャットＧＰＴに質問という形で入力したところ、私が考える区分とは、発想の違う内容のものがほとんどでした。参考に読者の皆さんも検索してみてください。

私が考える現金の区分は、個人の生活上の財務を考えるときの「現金」は、原則として給料という1種類の「利益のお金」だけの動きなのに対して、事業活動上の財務を考えるときの「現金」は、**「利益のお金」**と**「借金のお金」**という**2種類の「現**

金」が動いているという認識が必要だということです。

現行会計学には、世界的に、このように現金を区分する発想がありません。そのため、財務を強化するために必要な「利益のお金」の残高が表示できないままになっています。

財務的には企業活動上、キャッシュ（現金）を稼ぐ力が最も重要な課題だと言われることが多いと思います。

ここでいうキャッシュとは、企業が自ら稼いだ利益のキャッシュで返済不要なもの、つまり、**利益のお金**だと私は考えています。

このように言うと、当たり前だと思う人も多いと思います。

しかし、事業活動上、企業等が稼ぐキャッシュには、もう1つのキャッシュがあります。それは、借入金や買掛金や未払金などです。つまり、後払いのキャッシュです。

これを利益のお金以外のお金と言います。このお金を私は**借金のお金**と名付けます。

このお金は将来出て行くお金です。

実は、このようにお金を「返済が不要なキャッシュ（返済不要資金）」なのか、「返済が必要なキャッシュ（返済必要資金）」なのかの2つに明確に分けた考え方がありませんでした。

お金はお金で1つだという考え方です。この考え方がお金の研究が遅れた原因の一因だと思います。

その証拠に決算書の表示は現預金残高がいくらと表示されているだけです。現預金残高とは、2つのお金が動いた結果であり、内訳、すなわち中身があるはずなのにその表示がありません。

事業活動上、2つのお金（利益のお金と借金のお金）が動いて日々の現預金残高となっているので、その現預金残高は2つのお金の残高の合計になっていることになります。

図1　現預金残高の財務上の方程式

①無借金会社の場合

現預金残高 ＝ 利益のお金の残高 ＋ 借金のお金の残高
（可視貨幣）　（不可視貨幣）　（不可視貨幣）

②借金が多い会社の場合

現預金残高 ＝ △利益のお金の残高 ＋ 借金のお金の残高
（可視貨幣）　（不可視貨幣）　（不可視貨幣）

現預金残高の財務上の方程式は図1となります。

会社の決算書を分析する場合には、その会社の現預金残高の分析は不可欠だと考えています。

なぜなら事業活動上、稼いだ2つのキャッシュが現預金残高の内訳であり、中身に表れるので、この現預金残高を分析すればその会社の財政状態が分かるからです。

この2つのお金は、見た目も使い勝手もまったく同じ現金ですが、まったく性格（返済不要なキャッシュか、返済必要なキャッシュか）が違います。この2つのお金が事業活動上動いて日々の現預金残高を構成していることは、ご理解していただけると思います。

そして当然なことですが、このお金の残高の中身は、このお金を所有する個人や法人の財政状態により変化するということです。

問題は、この2つのお金が動いた結果の残高の中身を意識する人がほとんどいないということです。

ほとんどの人は明日支払うお金があるかどうかだけ、つまり資金繰りには関心を持つのですが、資金繰りをラクにし、財務を強くするためにはどちらのお金を多くすべきかを考えずに、単にキャッシュを多くしたいと考えている人が多いように感じています。

なぜなら、これで資金繰りが付くので、財務の強弱など考える発想すらないのが現状だからです。

確かに、資金繰りに追われている人にとっては理屈より目先の現金が重要なことは分かります。

だからこそ、そうなる前から資金繰りをラクにし、財務を強くする方法論をしっかりと理解しておくことが重要だということになります。

つまり、この考え方が経営者に必要な「**金銭感覚**」だと考えます。

当たり前ですが資金繰りをラクにし、財務を強くするためには利益のお金、つまり返済不要なお金を増やして現預金残高を増やさないと財務は強くなりません。

借金のお金を増やせば、当面の資金繰りはラクになりますが、財務が強くなっている訳ではありません。

本のタイトルに、「会社にお金を残す方法」などという表現が目に付きますが、利益のお金と借金のお金の話が出てきません。これではどちらのお金が残っているのかの判別ができないはずです。

ただ単に現預金残高が増加しても、その残高の中身が検証できなければ、どちらのお金が増えたのかが分からないですよね。

銀行からの借入金だけが借金のお金ではありません。買掛金や未払金なども借金のお金です。これらの勘定科目残高があれば、その残高の合計額が現預金残高に含まれていると考えるべきなのです。

貴社の現預金残高の中身が解りますか?
利益のお金が残っていますか?
借金のお金が残っていますか?

資金繰りをラクにし、財務を強くするには、これらの判別が貴社の財務健全性のバロメータとなります。

さらに、次の利益のお金を稼ぐための投資資金を長期の借金のお金で調達するケースは多いので、このことも考慮して財務健全性を判断します。

このときに、「**お金の損益計算書**」（詳細後述）が役に立ちます。

この財務健全性を判断するためには、すべての商取引を入力した試算表が必要不可欠となります。そのため、自計化は必須要件になります。

「利益」という財務用語について

現行会計用語の利益（例外の利益）と**一般用語の利益**（原則の利益）の違いを説明する人がほとんどいないのはなぜでしょうか。

そもそも、利益とはなんなのでしょうか？

現行会計が求める利益とは、現行会計のルールに基づいた売上高から経費を差し引きした計算上の差額なので見ることも触ることも使うこともできません。

これが、現行会計制度が決めたルール上の利益である「配当可能利益」です。

これに対して、一般用語の利益とはなんなのでしょうか？

ちなみに、『広辞林』で「利益」を引くと「儲け」となっていて、次に「儲け」を引くと「金銭上の利益」と書かれています。そうであるなら利益とは、私が言う「利益のお金」と一致します。

そこで一般用語の利益とは利益のお金であり、お金を使えば利益のお金は減少し、利益も減少します。そして、稼いだ利益のお金以上にお金を使えば、利益のお金の残高はマイナスになります。

現在、多くの人たちが、現金残高がマイナスになることはないと考えています。ない袖は振れないのも事実です。しかし、現実は借金をすれば、稼いだ利益のお金以上に、お金を使うことが可能となります。

では、借金をして自分で稼いだ利益のお金以上にお金を使ったら、利益のお金の残高はどうなりますか？　また、借金したお金を使ったら、借金のお金はどうなりますか？

目に見えるお金は使えばなくなります。

では、目に見えない借金のお金はどうなりますか？

借金して稼いだ利益のお金以上にお金を使えば利益のお金の残高がマイナスになるということは、借金のお金の残高は減少しないということになります。

つまり、**借金のお金は借金の返済のときしか使えない**ことになります。

一般的に「借金は、稼いだ利益のお金で返済する」と言われます。この言い方は、財務的には正確な表現ではありません。

正確に言うなら、利益のお金の残高がマイナスの状態だから利益のお金を稼ぐことによりマイナスが減少するから、その分借金のお金が浮き出てきて、借金返済に使えるようになると言うことです。

事例で説明します。

【お金の残高の中身（色付け）がわかる事例①】

A さんが自分で稼いだお金が 100 万円あります。A さんが 150 万円の車を購入するために、銀行から 100 万円を借入し、現在の預金残高 200 万円の中から 150 万円を引き出しして車代金の支払いをしました。

	（調達額）		（支払額）		（残高）	
A さんが自分で稼いだお金	100 万円	−	（B）	=	（D）	（不可視貨幣の動き）
A さんが銀行で借りたお金	100 万円	−	（C）	=	（E）	（不可視貨幣の動き）
目に見えるお金の合計	200 万円	−	150 万円	=	50 万円	（可視貨幣の動き）

現在の預金残高は 50 万円です。では、この 50 万円はどちらのお金が残っているのでしょうか？

この答えは、三つに分かれます。
一つ目は、自分が稼いだお金が 50 万円残っていると答える人。
二つ目は、銀行から借りたお金が 50 万円残っていると答える人。
三つ目は、自分が稼いだお金が 25 万円と銀行から借りたお金が 25 万円残っていると答える人。

さて、正解はどれだと思われますか？

では、次に車代金 150 万円は、自分で稼いだお金か、銀行で借りたお金かどちらのお金で行われたと考えるべきでしょうか？　また、それぞれの残高はいくらになりますか？

さて、BとCとDとEには、それぞれいくらの金額が入りますか？
多い回答の一つは、次のようになります。

	(調達額)		(支払額)		(残高)	
Aさんが自分で稼いだお金	100万円	−	(100)万円	=	(0)万円	(不可視貨幣の動き)
Aさんが銀行で借りたお金	100万円	−	(50)万円	=	(50)万円	(不可視貨幣の動き)
目に見えるお金の合計	200万円	−	150万円	=	50万円	(可視貨幣の動き)

さて、この回答で正しいのでしょうか？

上記の回答で不思議な点があることに気付きますか？
銀行借入金の残高が、何故50万円になってしまうのでしょうか？
まだ、銀行借り入れの返済は一切していません。
だから、銀行借り入れの残高は、100万円が正解となります。
ということは、他のB～Eの数値も変わってきますよね。
すなわち、正解は次のようになります。

	(調達額)		(支払額)		(残高)	
Aさんが自分で稼いだお金	100万円	−	(150)万円	=	(△50)万円	(不可視貨幣の動き)
Aさんが銀行で借りたお金	100万円	−	(0)万円	=	(100)万円	(不可視貨幣の動き)
目に見えるお金の合計	200万円	−	150万円	=	50万円	(可視貨幣の動き)

この事例をご覧になって、いかがでしょうか？

普段は、目に見えているお金の動きしか意識していない人たちがほとんどだと思われます。ですから、何も意識せずに、銀行から借りたお金は使えるものだと思っていませんか？

確かに、普段は目に見えているお金の動きしか意識していないので、銀行から借りたお金は使えるし、使ったお金の残高は減少すると考えていて間違いではありません。しかし、これはあくまでも、**目に見えているお金の動き**の問題です。

財務を考えるときには、**目に見えないお金の中身に注目**する必要があるということです。

つまり、借金したお金の役割を考えることが重要となります。

借金したお金の役割は、自分の稼ぎが少ないときに自分のお金として使えるようにする役割があるということです。

この例題では、自分の稼ぎが１００万円しかないのに、銀行から借り入れを１００万円して、自分の稼ぎ以上の１５０万円の支払いをしたということです。したがって、自分の稼ぎが１００万円しかないのに１５０万円の支払いをしたから自分の稼いだお金の残高はマイナスの50万円となるわけです。

この自分で稼いだお金の残高が、**マイナス**50万円になると考えることが、お金の中身を考えるときのポイントになります。

目に見えているお金の動きだけを見ているときには、なかなか出てこない発想だと思います。

このように、お金の中身の動きが解ると、次に、目に見えない借金をしたお金の動きはどうなるかというと、借金したお金は減少していません。

したがって、借金のお金は借金の返済のときのみしか使えないということになります。

【お金の残高の中身(色付け)がわかる事例②】

では、同じこの例題で、新たに自分で稼いだお金が 100 万円増加したらどうなりますか？

	(調達額)		(支払額)		(残高)		(調達額)		(残高)
Aさんが自分で稼いだお金	100 万円	−	(150)万円	=	(△50)万円	+	100 万円	=	50万円
Aさんが銀行で借りたお金	100 万円	−	(0)万円	=	(100)万円	+	0 万円	=	100万円
目に見えるお金の合計	200万円	−	150 万円	=	50 万円	+	100 万円	=	150万円

新たに自分で稼いだお金が 100 万円増加したので、残高は 50 万円となります。

そして、借入金残高はそのまま 100 万円なので、目に見えるお金の残高は 150 万円になります。

この段階で目に見えるお金の残高が借入金残高を超えるので、借金したお金で借金 100 万円の返済が可能になると考えます。

つまり、借金の返済は、利益を出して手元現金残高の中に、借金のお金が浮き出てこないと借金は返済ができないという仕組みになっているということです。

「お金」の財務法則について

紐付き融資の場合には、融資目的どおりにお金が使われたかを確認するために見積書や領収書などを銀行が確認する場合があります。これは、お金の使途に着目した考え方で、融資目的どおりにお金が使われたかどうかを確認するための手段として行われるものです。

しかし、財務面からお金を考える場合には、お金そのものの動きを見てもまったく意味がありません。

動いた**お金の中身を診る**ことが重要だからです。

つまり、財政状態を診るときには、お金には自分で稼いだ利益のお金と借金のお金があることを認識し、動いたお金の中身を診ることが重要になります。

そして、動いたお金が、「利益のお金」が動いているのか、「借金のお金」が動いているのかを把握して、それぞれのお金の残高の合計が、目に見えている手元現預金残高になっているというお金の財務法則を理解することが大切です。

自分で稼いだ利益のお金以上に使うには、どうしたら良いのでしょうか？

それは、借金をすれば自分で稼いだ利益のお金以上に使うことができます。

そして、稼いだ利益のお金以上に使い過ぎていたら、その時点の財務は赤字だということになります。

たとえ、現行会計が求めた損益計算書が黒字でも、財務は赤字だということになります。

現行会計では、設備投資は資産であり、借金は負債と考えているため、稼いだ利益のお金以上に使っても、損益計算書が黒字になることが多くあります。

これが黒字倒産の原因です。時点利益資金会計では、黒字倒産はあり得ません。なぜなら、稼いだ利益のお金以上に使っているということは、そもそも赤字の財政状態だから倒産したままでの話となります。

時点利益資金会計では、設備投資は前払経費（現行会計の前払費用ではなく、利益のお金の減少科目）であり、借金は負債と考えます。このため、設備投資は利益のお金の減少と考えます。

そして、稼いだ利益のお金以上に使ったら、財務は常に赤字となります。

「現金」を増やす方法に潜む罠《わな》

「現金を増やす方法」と聞いて思い浮かべることは、その現金は自分で稼いだ自由に使える現金と思ってしまうところではないでしょうか。

ここで注意しなければならない重要なことがあります。

私たちのほとんどが、普段何気なく現金という言葉を特に意識することもなく、現金は「現金」として発音し使っています。

つまり現金は現金で、現金には色がないとか、現金は1つだと思う人がほとんどだと思います。

そのため、現金を増やす方法と聞くと誰もが疑うこともなく、自分で稼いだ現金を増やす方法だと早とちりする人がほとんどだろうと思われます。

ここで、一呼吸して考えてみてください。

現金を増やす方法には、もう1つの方法があることに気付きませんか？

それは、**借金をして現金を増やす**ことです。

ここで、もう一度、一呼吸して考えてみてください。

お分かりだと思いますが、1つだと思っていた現金は、実は、自分で稼いだ現金と**借金した現金**という2つの現金があることに気付くと思います。

そしてこの2つの現金は、見た目も使い勝手もまったく同じなのです。

しかし、この2つの現金の発生源は、まったく違うのです。

事業活動においては必ず、この2つの現金が動き始めます。そして、日々の現金残高が表示されます。

この2つの現金が動いた結果の現金残高ですから、必ずその現金残高も、2つの現金に分けられることになるはずです。

ですから、事業活動で現金残高が増加しても、その増加した現金がどちらの現金で増加しているかの検証が必要ということです。

「現金の増やし方」などというタイトルの本で、この現金増加の検証方法を記載している本はほとんどありません。また、現金には2つあることの記載もありません。

これでは増加した現金残高が、利益のお金で増加したのか、借金のお金で増加したのか未検証のままだということになります。

増加したお金は、借金のお金かもしれません。

いや、銀行からの借入金も減少して現金残高が増加しているなら、その増加した現金は利益のお金だと言われそうですが、借金のお金は、銀行借入金だけではありません。

いずれにしても、時点利益資金会計の倒産防止管理表を作成して増加した現金が、どちらの現金で増加しているかの検証が必要になるということです。

「節税」という名の無駄遣い

節税とは、税金を少なくすることですが、その心は、税金を少なくして手残りを多くすることだと考えます。ですから、本来の節税とは、税制度を上手に使って無駄な税金を少なくすることだと考えます。

しかし、世間で行われている多くが、節税商品を購入しての利益の繰延型の節税なので、税金は少なくなりますが、それ以上に手残りが少なくなってしまいます。

これでは本来の節税ではなく、単なる無駄遣いをしていることとなります。

ただし、生命保険契約は補償額とのバランスを考慮することが必要です。

ストップ・ザ黒字倒産！

財務を強くしたい経営者の皆さまへ、誰も気付いていない財務を強化する当たり前で最も重要な6つのことを示します。

（1）利益は使えばなくなる
（2）現行会計が求めた利益は使えない
（3）本当の利益は使えるものだと気付く
（4）現金は2つあることに気付く
（5）借金システムの実態に気付く
（6）売上代金で全ての支払いを賄えている

順番に詳細を示していきます。

(1) 利益は使えばなくなる

まずは、利益をしっかりと出すことです。しかし、利益をしっかりと出しても、利益は使えばなくなるということに気付くことが大切です。なぜなら、利益とは「利益のお金」だからです。

現行会計は、車や設備を購入しても利益は減価償却分しか減少しないルールになっています。しかし本当は、購入額の全額の**利益のお金が減少している**ことに気付くことが重要です。

現行会計制度は、上場会社の株主のために期間損益を求める例外のルールを取り決めて、配当可能利益を計算しているのです。財務から見た原則は、購入額の全額の**利益のお金が減少する**ことになっていることに気付くことが重要なのです。

ですから、自己資本比率が高くても、蓄積額がマイナスの会社が多くあります。そのような会社は倒産する可能性が高くなります。

（2）現行会計が求めた利益は使えない

現行会計が求めた利益は、売上から経費を引いた差額で計算するので、その利益はどこにあるか特定することができません。ですから、その利益は使えません。これは株主のために期間損益の計算を追求するので仕方のないことだと思います。

しかし、その利益の多くが利益のお金の源泉になっていることは間違いありません。

そこで、現行会計はキャッシュフロー計算書で対応しますが、資金繰りで終わっています。財務から見た利益は使える利益であり、残った利益は蓄積額となるのが原則だと思います。

ですので、財務判定指標の1つとして蓄積額を表示すべきだと考えています。

時点利益資金会計では、この蓄積額の表示ができます。ですから、黒字倒産は起こり得ません。

（3）本当の利益は使えるものだと気付く

本当の利益は、使えるものだと思います。

売上代金という利益のお金は使えるものです。その売上代金という利益のお金でお給料を払えば、利益のお金はなくなり、本当の利益も減少します。

同様にその利益のお金で車を購入したら、利益のお金はなくなり、本当の利益も減少します。これが、財務から見た利益の原則的な考え方だと思います。

そして、この考え方を実務で実践するには、現金の中身の解明が必要となります。

（4）現金は2つあることに気付く

現金には、自分で稼いだ現金（利益のお金）と、それ以外の現金、すなわち、「借金のお金」の2つの現金があることに気付くことです。

事業活動では、この2つの現金が動いていることに気付くことが大切です。このことに気付けば、どちらの現金が増えているかが重要になります。

ただ現金が増えればいい訳ではありません。借金して現金を増やしても財務は強くなりません。

借金した現金を活用して、自分で稼いだ現金を増やし残すことが財務を強くする当たり前で最も重要なことだということに気付くことです。

損益計算上の利益を上げることはもちろん重要ですが、利益のお金を残すことがより重要です。

しかし、現在の会計では、現預金残高の増減は分かりますが、自分が稼いだ利益のお金が増えているのか？　それとも減っているのか？　それが分かりません。

キャッシュフロー計算書で分かる現金は、活動別の現金の増減を表示して、手元現預金残高を表示するだけで、最も重要な**現預金残高の中身**が解りません。つまり、自分で稼いだ利益のお金が残っているのかいないのかが分からないのです。

なぜ、こんなに当たり前で最も重要なことが分からないのでしょうか？

それは、今まで、いや現在もほとんどの方が現金は1つだと思い込んでいて、現金の中身を区分することができないと思っているからだと思います。

資金繰りだけは気を付けているので、現預金残高には関心が強いのですが、現預金残高の中身を意識する人がほとんどいません。

なぜ、そうなのかと思うに、現金は1つなのだという先入観があるので、そもそも「現金の中身」なんていう発想もなく、現金の中身を研究しようとする発想もこれまでなかったのだと思います（しかし、昭和11年にすでにこの資金について研究をしていた日本人がいたとは驚きました。詳細は130ページ「3人の会計実務家との出会い」で説明します）。

自分で稼いだ利益のお金も、借金したお金も見た目も使い勝手もまったく同じなのです。そして、期末の現預金残高がまったく同じであったとしても、その他の勘定科目が変われば現預金残高の中身は変化します。しかも、現金そのものに色を付けることなどできません。

そのため、現金があまりにも単純すぎて、目の前に見える現金は見た目には1つにしか見えません。そんな状況ですから、現金を研究する糸口すら見つけられないまま今日に至ってしまったためだと思います。

「はじめに」で触れた、佐藤幸利先生の資金会計のセミナーに参加して以降、私はいろいろと自問自答しながら現金の研究を続けた結果、やっと現金の中身が診えてきました。

そのことにより、「自分で稼いだお金」と「借金したお金」を区分表示することができるようになりました。それが時点利益資金会計です。

これにより、企業の経営成績と財政状態が明瞭に表示できるようになり、企業が黒字倒産することはあり得ないことがハッキリと分かりました。

つまり、利益のお金をいくら稼いでもそれ以上に使えば利益のお金はマイナスとなることに気付くことです。

現金そのものはマイナスにできないので、借金したお金で補っていることに気付くことが重要となります。

(5) 借金システムの実態に気付く

資金不足を補うものが借金システムですが、この借金システムを利用するときに知っておかなければならない重要な点があります。

それは、借金したお金は使えないということです。そんなバカなという声が聞こえてきそうですが、ちょっと我慢して聞いてください。

借金システムとは、借金することにより得た現金は自分が稼いだ現金と同じく使えるようにするためのシステムだということに気付いてください。

いったいどういうことかと言いますと、自分が稼いだ現金がないときに、自分が稼いだお金と同様に使える現金を確保する手段が借金システムです。ですから、借金をして自分が稼いだお金以上に使えば自分が稼いだお金はマイナスとなるということです。

現金がなければ支払いはできないので、借金システムで自分が稼いだ現金を前借りして使えるようになっているということです。いわば、給料の前借りシステムと同じだということです。そこに気付くことが重要なのです。

前借りして使った自分で稼いだ現金残高はマイナスになっている状態なので、自分で稼いだお金で帳尻を合わせれば、そこに借金したお金が浮き出てきて借金の返済に使えると考えることが重要だということです。

つまり、借金したお金は借金の返済をするときだけしか使用ができない仕組みになっているということになります。

債務不履行で倒産するということは、自分で稼いだ利益のお金以上に使い過ぎて、自分で稼いだお金で帳尻を合わせられなかった結果、財務が赤字だから倒産することになったということです。

現行会計が求めた損益がいくらあろうが、借入金残高よりも現預金残高が少なければ、その企業は自分で稼いだ利益のお金以上に、現金を使っているということになります。

つまり、その企業の財務は赤字だということに気付くべきなのです。

しかし、現行会計では、企業が稼いだ期間損益を計算することに重点が置かれたために損益計算書で計算した利益は、売上高から経費を差し引きした差額概念の利益となり、実態のない利益の表示になっています。

経営は、実態のあるお金の入りと出の真剣勝負なので、実態のない利益よりも、現実の資金繰りを重視することになります。

現実の資金繰りを重視することは重要ですが、併行して重視しなければならないもう1つの重要な指標があります。

それは、実態のある利益のお金がどうなっているかを把握することです。この実態のある利益のお金を把握できるのが時点利益資金会計です。

(6) 売上代金で全ての支払いを賄えている

売上代金で全ての支払いを賄えていれば、その企業の財務は黒字になっていることになります。

財務が黒字であるということは、損益計算書が黒字であるということだけではなく、貸借対照表に資産計上した支出も控除して黒字になっていることだと考えます。

非上場会社で無借金を目指す経営者は、暗黙的にそのことを理解されていることが多いと思います。

このような経営者を私は、**金銭感覚がある経営者**だと言っています。

個人の家計のほとんどが、給料などの自分で稼いだ利益のお金という1種類の現金だけで家計を賄っており、個人は預金残高（＝自分で稼いだ利益の現金残高）を確認しながら、生活をコントロールしている人がほとんどだと思います。

このような個人の家計と同じように非上場会社の財務をコントロールする方法は、現預金残高の中身を確認することで可能となります。

しかしながら、現行会計だけを勉強した多くの会計専門家は、現行会計が解明していないこの現預金の中身の変化があまりにも単純すぎて、理解できない方が多いように感じます。

資金繰りで苦労しないためには

現行会計で言う資金繰りとは、入金と出金の関係で事前に資金不足を予知して、事前に銀行借り入れなどして資金不足を補うことだと言われています。

この考え方だけでは、資金繰りの苦労からの脱出は難しいと考えます。なぜなら、資金繰りに苦労している原因の把握が不明確になっている可能性があるからです。

そもそも資金繰りに苦労しているということは、自分が稼いだ利益のお金以上にお金を使ってしまった結果だということを認識することが必要です。

利益のお金とは、現行会計の損益計算書で求めた「利益」ではありません。この「利益」は、現行会計ルールに基づいた売上高から経費等を控除した差額なので「利益のお金」ではないので使えません。つまり、この「利益」は資金繰りには使えないということを認識することが必要です。

そこで、時点利益資金会計で作成する「倒産防止管理表」と「お金の損益計算書」を作成し、自分が稼いだ利益のお金がいくらなのかを把握するのです。

そして、その利益のお金がどこへ使い過ぎたのかを確認し、その対処法を考えなければ根本的な資金繰りの改善はできません。

第2章

「お金そのもの」に色は付かないが、「お金」には色が付く

「お金」の３つの機能と損益の関係

【お金の３つの機能】

（1）交換支払機能

（2）価値尺度機能

（3）蓄積機能

会計学とは、そもそも会社などの事業活動上のお金の動きを複式簿記により整理し、経営成績と財政状態を表示する学問です。

本来、会計はお金の動きを扱うべき学問ですが、期間損益計算を重視するあまり資金計算がおろそかにされていることに気付かずに、**お金の根本的原理である「お金の**

3つの機能」について研究する発想が、会計学の分野において世界的に忘れられたまま、現在に至っているのではないかと思っています。

このことは、現在の私にとっては残念でなりません。

その証拠として、「**お金**」とか「**現金**」といった**表現しかしていない**現実があることに、まず気付いていただきたいと思っています。

本来なら、単に「お金」とか「現金」といった表現ではなく、これまでも触れていますが、「**利益のお金**」とか「**借金のお金**」、あるいは「**利益の現金**」とか「**借金の現金**」という表現をすべきものなのです。

お金の３つの機能とは？

物々交換社会のときは、物と物との交換でした。それが貨幣経済社会になることにより、貨幣と物とを交換できるようになったのです。これが、貨幣の（1）**交換支払機能**です。

貨幣と物を交換するためには、その物の価値を表示しなければなりません。これが、貨幣の（2）**価値尺度機能**です。

そして、物々交換で物を作り過ぎたときは、**物で貯蔵**することになりますが、貨幣経済社会では、**貨幣で蓄積**できるようになりました。これが、貨幣の（3）**蓄積機能**です。

現行会計学は、この「お金の3つの機能」を理解しないままに、損益計算書と貸借対照表を作成したため「損益の計算」と「資金の計算」は違うものと理解しても不思議ではなかったのでしょう。

そして現在の会計学は、この損益の計算と資金の計算は別物だということを原則として教えているために、会計学を学んだ人ほどこの点に疑問を感じる人が少なくなったのだと思います。

私も現行会計学だけを勉強している間は、このことに対して何の疑問も感じませんでした。

しかし、佐藤幸利先生の提唱する資金会計の勉強をし始めて、「お金には色（性格）が付けられる」ということを教えていただき、いろいろと研究を重ねるうちに、「現行会計学はなぜ損益の計算と、資金の計算が一致しないのか？　一致しない根拠はなぜなのか？」ということを考えるようになっていました。

佐藤先生は、利益には3つの種類があるとおっしゃっていました。

1つは、**現行会計制度が求める利益**。

2つ目は、**商取引上の利益**。

3つ目は、**企業継続のための利益**。つまり**現金残高**だと。

佐藤先生からこの教えをいただいたとき、私は何の迷いもなくそのまま受け入れていました。

しかしその後、よくよく考えてみた結果、私としては本当の利益は「**商取引上の利益**、ただ1つ」なのだという答えに至りました。

なぜならこの商取引上の利益だけが、利益のお金と一致するからです。

まず最初に、企業継続のための利益について触れます。

企業継続のために「現金」は不可欠ですが、「現金」が即「利益」ではないことに気付きました。佐藤先生は、現金には「損益資金」と「その他の資金」があるとおっしゃっていましたが、これを私流の言葉で言え換えれば、現金には「自分で稼いだ利益のお金」と「借金のお金」の２つがあると思うからです。

そして、現行会計制度が求める利益についてですが、現行会計制度は「期間損益」を計算したもので、株主や債権者などの利害関係者への報告のための会計制度として発展し、社会に貢献してきた制度です。

その代表例は、「減価償却費の計上」や「引当金の計上」、「評価損益の計上」などです。

このように現金の移動がない取引を計上した期間損益なのですから、今ある現金と一致するわけがありません。

ですから私としては、「本当の利益は商取引上の利益、ただ1つ」だと考えています。なぜなら、この商取引上の利益だけが利益のお金と一致するからです。

本来の経営成績や財政状態とは、商取引の結果をありのまま表示することだと私は考えています。

商取引で稼いだ利益のお金がいくらだったのか？　そしてその稼いだ利益のお金がいくら蓄積されているのか？　あるいは、まだ蓄積までいっていない段階の財務なのか？　を表示したものが正しい経営成績であり、正しい財政状態と言えるのではないでしょうか。

「お金」に色は付かないという意味とその根拠

世間一般に「お金には色（性格）が付かない」と言われています。その意味と根拠はどのようなものなのでしょうか。

分かりやすく言えばこんな意味合いです。

儲けのお金の蓄積額１００万円を保有する人が、銀行から２００万円の借り入れをしたら、その人の現金残高は３００万円になります。

では、この３００万円のお札をトランプのようにシャッフルしてみましょう。どのお札が儲けのお金で、どのお金が銀行から借り入れたお札なのか分からなくなってしまいますよね。

区分しようとしても、お札には色が付いていないので区分することができない。これが「お金には色が付いていない」と言われる所以です。

なぜこのようなことが起こるのか？

それは、お金の支払機能の側面を見ているからです。お金の支払機能の側面に色が付かないのは当然の話です。

事業経営の資金を考えるときに支払先別にお金を封筒に入れて、別途保管する方法をとる事業家がいると思いますが、これも私が考える「お金に色（性格）を付けた管理」ではありません。

これは単に、お金を支払先別に封筒に入れて区分しただけのことです。これもお金の支払機能の側面からの区分となります。

重要なのは、支払先別に封筒に入れたお金の中身が「儲けのお金」つまり、「利益のお金」なのか？　それとも「利益以外のお金」、つまり「借金のお金」なのか？をきちんと区分し認識することです。

要は、現在の財務の状況が、「儲けのお金で支払いが賄われているのか？」それとも「借金のお金で支払いが賄われているのか？」を明確に区分し、現在の財政状態を認識することが、会社の財務を強化する上で重要だということです。

以上の点を踏まえて、現行会計の財政状態の見方を思い出してみてください。

現行会計の財政状態の見方は「期間利益があるかどうか」、そして「資金繰りができているか」を見るだけのものでしたね。

商売で稼いだ〝**利益のお金**〟がどうなっているのかは、まったく考えていません。しかも、その重要性について考えた形跡も見当たりません。

お金を色付けする考え自体ないので、これは当然の成り行きといえるでしょう。

では、本当に「お金を色付け（性格分け）」することができるのか考えてみましょう。

それは**お金の蓄積機能の側面**を見れば分かると思います。

次の事例を参考に考えてみてください。

【お金の残高の中身(色付け)がわかる事例③】

今ある300万円は、儲けのお金である蓄積額100万円と銀行からの借入金200万円で構成されています。

	(現在の残高)		(引出)		(引出後の残高)
・儲けたお金を銀行Aへ預金	100万円	−	0万円	=	100万円
・借金したお金を銀行Bへ預金	200万円	−	200万円	=	0万円
・銀行預金の合計金額	300万円	−	200万円	=	100万円

200万円の車を購入するために、銀行Bへ預金していた200万円を引き出して支払いました。

残った預金は銀行Aの預金残高100万円だけになりますが、この銀行Aの預金残高100万円は「儲けのお金」が残っているのでしょうか？

それとも「借金のお金」が残っているのでしょうか？　あるいは「儲けのお金」と「借金のお金」がそれぞれに按分されて残っているのでしょうか？

答えは単純なことですが、今まで誰も考えたことのない点だと思いますので、是非とも、ご自分の頭でいろいろと考えてみてください。

ドラッカーは、現行会計の「期間損益計算」を信頼しなかった

ある会計の本に「利益と儲けは別個の概念だ。儲けとは稼いだ現金、キャッシュフローのことだ」と書かれているのを見かけました。まさに、現行会計制度を鵜呑みにした代表的な考え方だと思います。

その言わんとする気持ちはすごくよく分かりますが、現金に色（性格）がないという考えに基づいているため、稼いだ現金やキャッシュフローといっても、その現金の中身が表現されていないので、何となく感性で感じ取るしかないのだ、と言っている感じがします。なぜなら、現実的に「稼いだ現金」がいくらあるのかの計算ができていないからです。

利益という言葉を辞書で引くと「利益とは儲け」、そして「儲けとは金銭上の利

益」と書かれています。

一般的な言葉の使われ方としては、利益も儲けも同じ概念の言葉として使われているのです。つまり、利益と儲けは同じであり、しかも、辞書による「金銭上の利益」とは、まさに、「利益のお金」だということです。

ところが、現行の会計用語としての「利益」の認識は、売上高から経費を控除した計算上の差額概念と考えられているため、一般的な言葉の認識とは異なっています。

そもそも、利益という言葉の会計用語と一般的用語は、どちらが正しいのでしょうか？　私はその点をはっきりさせるべきだと考えています。

現行会計制度での期間損益計算は、期間損益を重視するので、減価償却費や引当金繰入などの商取引でないものも計上されています。そのため、利益と現金が一致しない関係になっている点に疑問を持たないままで、キャッシュフローを重視してもキャッシュの中身が診えないので、せっかく算出しても単なる資金繰り会計に終わってしまい、企業の正しい財政状態を表示することはできません。

かの有名な経営学者、ピーター・ドラッカーも「現行会計が求める期間利益は、お化粧されやすく信頼できない存在だ。信頼できるのはキャッシュフローだ」と指摘しています。

ある会計本に書かれていた「稼いだ現金」や「キャッシュフロー」などという言葉の使われ方は、**現金**には「**利益の現金**」と「**利益以外の現金**」があるということに気付いていない段階の言葉の使われ方です。その言葉の真意は、「稼いだ利益のお金」であり、「利益のお金のキャッシュフロー」だということです。少なくとも「借金のお金」ではないと考えていると思います。

現在、一般的に使用されている「現金」や「キャッシュ」という言葉は、「利益の現金」と「利益以外の現金」の2種類のものがあるにもかかわらず、その現金がどちらの現金を表しているものなのか明確に区分されないまま「稼いだ現金」や「キャッシュフロー」というあいまいな表現を使っていることに、誰も気付いていない状況がほとんどではないでしょうか。

なぜなら、表現は「稼いだ現金」というのですが、その「稼いだ現金」がいくらあるという計算ができる会計専門家がほとんどいません。一般的に稼いだ現金と表現されても、現実としては稼いだ現金がいくらあるかの計算ができなければ意味がありません。

これは現行会計制度を鵜呑みにしていれば当然、気付くことができないものです。私自身も現行会計しか知らない間は、まったく気付いていませんでした。

現行会計制度が現金の区分を明確にできていない証拠が、貸借対照表の現金残高表示の中にあります。

なぜ、現預金残高の内訳として「利益のお金の残高」と「借金のお金の残高」という内訳表示がされていないのでしょうか（読者の中には、そんな内訳表示の必要性に疑問を感じる方もいらっしゃると思いますが、本書を最後までお読みいただければこの疑問も晴れると思います）。

その原因は、現金は色（性格）分けができないと考え、損益計算と資金計算は別物だと認識しているために、現預金残高の色分けを表示する発想がありませんし、現預金の内訳などできないものと考えているために、現預金残高を内訳表示する発想もありません。これでは、企業の財政状態を正しく表示することなどできるわけがありません。

言葉では、「儲けた現金」と言ってみても、現実にその「儲けた現金」はいくらなのかを計算し表示できなければ意味がありません。

会計用語の「黒字倒産」という言葉も、企業の正しい財政状態が診えないため、誤った認識を表現した会計用語だと考えます。

一般用語から見ての「黒字」なら、なぜ「黒字なのに倒産？」と思われるのではないでしょうか？

時点利益資金会計から見たら、経営成績が黒字なのに倒産したということは、そもそも「黒字」ではなく、実態は「赤字」の会社だったのに、現行会計制度のルール上「黒字」の表示になるだけの話です。

なぜなら現行会計制度は、各期間の株主に平等になる期間損益計算を重視するから将来の期間に対応する費用は、資産という名のもとに繰延べ計上されるからです（上場会社の会計としては、この考え方で良いのだと思います）。

現行会計が求める利益は、会計ルールに基づいて計算された差額なのですから私が言う「本当の利益のお金」ではなく、株主のために計算された配当可能利益なのです。ですから私は、この現行会計が求めた利益は**「例外の利益」**だと考えています。

第4章以降で詳しく説明する「**倒産防止管理表**」や「**お金の損益計算書**」を使えば、このように黒字倒産に陥ってしまう企業の財政状態がよく分かります。

ドラッカーも気付かなかった「お金」の2つの色

ドラッカーは期間損益が信頼に足らないものだということを見抜き、キャッシュフローを重視しましたが、そのキャッシュに2つの色（性格）があることは見抜けませんでした。

ここまで読んでご理解していただいたように、お金には「儲けのお金」と「その他のお金（儲け以外のお金）」の2つの種類があります。別の言い方をすれば、お金は「利益のお金」と「借金のお金」で構成されているので、お金の残高は常に「利益のお金」と「借金のお金」に分けられるということです。

一般的に、商売は「金儲け」と言われています。

ここで言う「お金」は「儲けのお金」を指すものです。商売を始めて借金のお金を増やしたいと思う経営者はいらっしゃらないですよね。

では会社を興し、今まで商売を行ってきた結果として、今現在の会社の現預金残高に「儲けのお金」がいくら残っているかを考えたことがある社長さんはおられるでしょうか？

多くの社長さんは、今現在の現預金残高がいくらあるかを気にしているだけではありませんか（資金繰りの側面からは重要なことですが……）。

そうです。ただ単に「お金」が増えたからといって喜んではいけません。

銀行から借り入れた直後は、「お金」は増えていますよね。そして、この増えた「お金」は「借金のお金」ですよね。ここで多くの社長さんたちは資金繰りがついて安堵《あんど》してしまいます。

しかし、社長さん、ここで安堵したらダメですよね。

やっとの想いで調達した「借金のお金」をこれからどう使って、「儲けのお金」をどう稼ぐかが本当の勝負どころですよね。

そして一月後に現預金残高ではなく、「儲けのお金」が本当に増えたのかどうかを確認することが重要になりますよね。

現行のキャッシュフロー計算書の区分では、この「儲けのお金」の区分がないので儲けのお金を確認することができません。

買掛金の増加は、営業のキャッシュフローが増加したことになります。この買掛金残高は無利息ですが「借金のお金」です。借金のお金でその現金残高が増えているという場合は、いずれ返済しなければならないお金が一時的に残っているだけだということを認識しなければなりません。

創業以来、当社は商売で「儲けのお金」をいくら稼いで、今その「儲けのお金」がいくら残せているのかが分かる経営者がどのくらいおられるでしょうか?

このような発想で、会社の財務を見ている方は非常に少ないと思います。

なぜなら、現在の会計制度では、期間損益重視からキャッシュフロー重視へ転換しても、資金繰りは見えても、「儲けのキャッシュ」つまり「利益のお金」が診えないからです。

このように、経営者のための時点利益資金会計の研究と普及は未だに進んでいません。これは日本だけでなく、世界的なレベルで「お金の研究」がなされていないという現実があるからだと思います。そんな大袈裟なことでもないでしょう、と反論される方もいらっしゃることでしょう。

しかし、考えてみてください。

本当の利益とは、儲けのお金として残りを使うことができるものであるべきだと思うのですが、いかがでしょうか？

残念ながら、現行会計の期間損益で求める利益は現金と一致しないことを原則としています。これは現行会計制度が、上場会社の株主のための制度なので、各会計期間の株主が平等になるような配当可能利益を計算するためには「損益の計算」と「資金の計算」は別物にせざるを得なかったのだと思います。

現行会計制度が外部の利害関係者への報告のためにのみ研究され、経営者のための会計制度の研究がなかったからだと思っています。ですので、利益がどこにあるのか特定することができず、損益計算とは別に資金計算をして残高を求めるしかありません。

現行会計制度は「損益計算」と「資金計算」は別物だと肯定してつじつまを合わせるしかなかったように思います。

お金の支払機能の側面には色はありませんから、現預金残高があれば支払いすることができます。そして、支払いができている間は赤字でも倒産しないのはご存じのとおりです。

人間にたとえるならこれは、輸血をしながら生きている状態といえます。輸血は自分の血液と他人の血液を混ぜ合わせながら生命を維持している状態です。輸血した後は医師の管理監督の下、入院生活を送りながら治療し回復を待たなくてはなりません。非上場会社で借金のある企業は、輸血で生命を維持している状態と同じ状況にあるということを自覚することが重要です。

一方、お金の蓄積機能の側面には色がありますから、本当の利益があれば蓄積することができるハズです。

蓄積は「儲けのお金」でしかすることができません。

「借金のお金」をいくら預金しても、それは蓄積とは言えないのです。お金の蓄積機能の側面を理解しなければ「儲けのお金」を蓄積することはできません。

以上のことから分かるように、「お金」、すなわち資金の研究が必要と言えるのです。

「**お金の研究**」というとどのようなものが題材になると思われるでしょうか？

お金そのものでしょうか?
あるいは、お金の歴史でしょうか?

いろいろと考えられるとは思いますが、私の言う「お金の研究」とは交換価値である貨幣の歴史の研究などではありません。

会計制度として「**儲けのお金を区分する研究**」であり、「儲けのキャッシュを区分する」研究のことです。

前述しましたが、資金の問題を分かったつもりで作成してしまったのが、現行の会計制度ではないかと考えています。

現行会計制度は、上場会社の株主のための会計制度として研究され、発展してきた歴史しかないように思います。ですから上場会社へ適用することは良いと思うのですが、非上場会社の会計として、そのまま適用させるには問題が多いと考えています。

なぜなら商売の原点である儲けのキャッシュをどれだけ稼いで、今現在、その儲けのキャッシュがいくら残っているのかが表示されていないからです。この資金の問題を解明することが、財務を強くするために重要なのです。

現行会計制度の「キャッシュフロー計算書」では、「儲けのキャッシュ」を明確に表示することができません。しかも、買掛金という借金のお金を増やしたら営業キャッシュフローが増加した良い会社という誤解が発生しています。

資金繰りができていれば企業は倒産しないとよく言われますが、それ自体は間違いではありません。しかし、「借金のお金」で資金繰りの帳尻をいくら合わせても必ず限界がきます。

「儲けのお金」できっちりとした資金繰りができる方向に向いているかを確認することが重要なのです。ですが、現行会計制度にはその術がありません。

何度も申し上げたように、現行会計制度には「儲けのお金」と「借金のお金」を区分する発想がないからです。

現行会計制度による、単なる企業活動別のお金の流れ（キャッシュフロー計算書）が分かっていても、企業財務は強くなりません。企業財務は「儲けのお金」がなければ強くならないからです。

そして、お金の蓄積は「儲けのお金」でしかできないからです。

では今現在、貴社の現預金残高の中に「儲けのお金」がいくら残っているのかを把握できている社長さんはいらっしゃるでしょうか？

商売が順調にいっているのかどうかの判定は、商売を始めて現在までに「儲けのお金」をいくら稼いだのか？　そしてその「儲けのお金」をどこに再投資して、今後も安定して稼ぎ続けることができるのか？　そして今現在、手元に「儲けのお金」がいくら残っているのか？　で判断すべきものです。

現行のキャッシュフロー計算書について

現行のキャッシュフロー計算書が財務諸表の1つに追加されて、24年が経過します。追加された当時、よく言われたことは、「現金が現実、利益は見解の問題」だということで、利益より現金が重要視され、企業の現金の流れを明らかにする表として「キャッシュフロー計算書」が導入されました。

このキャッシュフロー計算書は、企業のお金の流れを

（1）営業活動によるものを「営業キャッシュフロー」
（2）投資活動によるものを「投資キャッシュフロー」
（3）財務活動によるものを「財務キャッシュフロー」

の3つに区分して、企業の活動別に「お金の流れ」を解明している計算書です。

この「キャッシュフロー計算書」は、企業活動における現金の流れを把握する上で重要な役割を果たしています。


しかし、一方で利益よりも現金が大切なのだという誤解が生じていることも事実です（いや、誤解ではなくそれが事実だ！　現金のほうが大切なのだ！　と言われる方もいらっしゃるとは思いますが、少し我慢して先をお読みください）。

その誤解を生じさせている原因の1つに「お金の研究不足」が挙げられると私は考えています。なぜなら、現金と利益との関係を未解決にしたままで、「現金が現実、利益は見解の問題」という言葉を使っても、経営者を惑わすだけのような気がするからです。


もちろん、現金は大事です。

問題は利益よりも現金のほうが大事だという表現。ここに誤解の元があります。

本来の利益とは「儲けのお金（＝利益のお金）」だということを忘れてはいけないということです。企業が稼がなければならない現金は、「利益というお金」で、「借金というお金」ではありません。

「そんなことは、百も承知しているよ」という言葉が返ってきそうな気がします。

しかし、現行会計制度では、この区分が表示できないのはなぜでしょうか？

単純なように見える「現金」なので、ついつい分かったつもりになってしまい、本当は何も見えていなかった。これが現実だと思います。

本来のキャッシュフローとは、この「利益という現金」が本当に増えているのかどうかを見極めることが重要なのですが、現行のキャッシュフロー計算書では、残念ながらその見極めはできませんし、表示もありません。

現行の期間損益計算で求めている利益が、会計処理基準の選択の違いで、ころころと変わるからといって、現金が事実だと簡単に片付けてしまって良いのでしょうか？

確かに、現金残高が多ければ、当面の資金繰りには使えます。

しかし、その現金残高の中身がすべて「借金のお金」であったとしたら、その会社の財政状態はどう見るべきでしょうか？

もっと真剣にお金についての研究を行い、「利益のお金」をどうしたら計算できるのかを探求する必要があると思います。

「現金が現実、利益は見解の問題」という言葉の本当の意味

現行の会計学の欠点は、言葉の定義があいまいなことだと思います。「利益」というと、現行の期間損益会計制度のルールに基づいた損益計算書で算出される当期利益をイメージされる方が多いのではないでしょうか？

そして、この利益は、現行の会計処理基準の選択の違いにより変化するので信頼できないが、「現金」は会計基準の選択の違いによって変化しないので信頼できると考えている方がほとんどだと思います。

ここで考えなければならない点は、「利益」と「現金」を表面的な言葉としてだけでなく、「企業の財政状態を考えたら利益はどう捉えるべきなのか？」、また、「現金はどう捉えるべきなのか？」というところです。

「現金が現実、利益は見解の問題」だということの本当の意味を考えるときには、単なる現行会計への批判とみるだけでなく、経営者のための会計という立場から、どうあるべきかを前提に考えるべきだと思います。

現金の中には、「利益という現金」と「借金という現金」の2つの現金があることを理解し、そのうえで「借金という現金」は企業の資金繰りには重要な役割を担っている現実を理解し、かつ、「利益という現金」をどう増加させて財務強化していくかを考えることが重要だということを忘れてはなりません。

会計学が社会科学としてその地位を確立するためには、「財政状態」「利益」「現金」などをもっと真剣に研究し、究明してキッチリと定義すべきだと思います。

松下幸之助氏のダム式経営の本当の意味

パナソニック（旧松下電器）創業者の松下幸之助氏の〝ダム式経営〟は、有名な話ですが、単なるキャッシュフロー経営のお手本だと誤解しているケースが多いように感じています。

かつて、京セラを創業した稲盛和夫氏が、松下氏の「ダム式経営」の講演に参加したことについて雑誌で語っていたことがありました。

そのとき松下氏は「好景気だからといって、流れのままに経営するのではなく、景気が悪くなるときに備えて資金を蓄える。ダムが水を貯め流量を安定させるような経営をすべきだ」と語った。聴衆の一人が「ダム式経営の大切さはわかるが、そのやり方がわからないから困っている」として、そのやり方を尋ねると、幸之助氏は「まず、ダムをつくろうと思わんとあきまへんなあ」と答えたのである。具体的なノウハウを期待していた聴衆の多くは落胆し、失笑したが、私はそのとき、一途に思い続けることの重要性を理解し、強い衝撃を受けた。

雑誌『PRESIDENT』2014年8月4日号より

当時の松下電器は、〝松下銀行〟といわれるほど現預金を蓄えていた会社として有名でした。それは松下氏が言うように、松下電器が長年に渡り「景気が悪くなるときに備えて資金を蓄えてきた」のであり、その結果だったのだと思うのです。

松下氏が言う「資金の蓄え」とは、現行制度会計が求める単なるキャシュフロー経営とは次元が違うものだと思うのです。「資金の蓄え」という場合の資金とは、「自分で稼いだ儲けのお金」のことをいっていると思うのです。

なぜなら、資金が「借金のお金」だったら「蓄え」にはならないからです。

銀行から１００万円を借りて、そのお金をそのまま預金しておいても、その預金を蓄えた預金とは言いません。

松下氏は、直感的にこの金銭感覚を理解していた数少ない経営者の一人だったのだと思う次第です。

現行会計制度は上場会社の株主のための損益計算制度

私は、1996(平成8)年9月に佐藤幸利先生の資金会計セミナーを受講し、2014(平成26)年2月に前書『経営者のための利益のお金が見える会計』を出版してしばらくの間は、現行会計制度は利害関係者への期間損益情報などを提供するという重要な社会的役割を担っているものと、ただ漠然と考えていただけでした。

しかし、今回の出版にあたりいろいろと考えていると、ふと頭に浮かんだのが、現在の会計制度はいったい誰のための会計制度なのだろうか？ という思いでした。

そして、いろいろと考えをめぐらしてみると、上場会社は、第三者の株主から資金を集め、それに銀行借入金等をプラスして、より多くの利益が出る投資を行い、その利益から税金を差し引きした利益を株主に配当する役割を背負っている会社であることを、あらためて意識し認識することになりました。

当然のことなのですが、あらためて意識し認識して考えてみると、現行会計制度は、上場会社の株主のための損益計算制度であり、各期間の株主が平等になるような配当可能利益を計算するために減価償却や引当金制度などが必要となり、「損益の計算」と「資金の計算」は別物にせざるを得なくなったのだ、と思うようになりました。

現行会計制度は上場会社の株主のための損益計算制度なので、各期間の株主が平等になるような一定の会計ルールに基づく損益、つまり配当可能利益という**例外の損益計算制度**を作らざるを得なかったのだと理解しました。

そのため、**非上場会社にそのまま適用させるには弊害が多い**ことが分かりました。

その主要なものが、期間損益計算を求めるためにルール化された減価償却費や引当金などと考えます。

私が主張する時点利益資金会計は、非上場会社のための会計なので、商取引ではない減価償却費や引当金などは除外し、設備投資などは資産ではなく、一括の前払経費（現行会計制度の前払費用ではありません）と認識して財務を考える会計です。

お金は、見た目は1つだが中身は2つ

目に見えている「お金」は1つにしか見えませんし、「お金」そのものに色付けもできません。

しかし、現実は目には見えませんが2つのお金が動いています。それは、「**利益のお金**」と「**借金のお金**」の2つです。

事業活動と付随して動くお金を観察して分かるとおり、現実は、「自分で稼いだお金（返済不要なお金＝利益のお金）」と「それ以外のお金（返済必要なお金＝借金のお金）」という2つの「お金」が動いて、日々の現預金残高が構成されているということです。

そして、現実の実務での現預金出納帳は、入金から出金を引いて残高を計算するた

め、残高がマイナスになることはないと複式簿記では教えています。

確かに、ない袖は振れないのでこの考え方は間違いではありません。

しかし、この発想は、入金や出金の現金が1つだという前提での話だと考えています。

この複式簿記の教えが会計学者や会計専門家又は会計実務家においても、一般常識化されているところに、「お金」の研究が進まない原因があるように感じています。

お金は単なる支払手段なのだから「お金」は「お金」で、それ以上何を考えるところがあるのか……と思っていませんか？

でも、考えてみてください。

事業活動上で動く「お金」には、自分で稼いだ「利益のお金」と「借金のお金」という2つのお金が動いて、日々の「お金の残高」ができる訳です。

ですが、現行の現預金出納帳の入金欄も出金欄も各々一行だけです。これでは、目に見えている1つのお金の入金と出金と、その残高が見えるだけです。

事業活動では目には見えないが2つのお金が動いているのだから、2つのお金の残高が区分できる方法があるハズです。これを区分する方法の詳細は184ページをご覧ください。

借金のお金の役割は、「利益のお金」として使用可能にするための役割

借金のお金の役割について触れていきます。

借金のお金の役割は、「自分で稼いだお金」が不足しているときに、「利益のお金」として使えるようにする役割があります。

ですので、借り入れしたお金は、利益のお金として使えるということになります。

次の事例を参考に考えてみてください。

【現金が増減した原因の勘定科目でお金の色付けがわかる事例】

例1　借入をした時の仕訳と現金等の残高

現金　100　／	借入金　100	利益のお金の残高　0
（借金のお金）	（返済必要資金）	借金のお金の残高　100
		現金残高　100

例2　現金で広告費を支出した時の仕訳と現金等の残高

広告費　50　／	現金　50	利益のお金の残高　△50
（返済不要資金）	（利益のお金）	借金のお金の残高　100
		現金残高　50

例3　現金で売り上げた時の仕訳と現預金等の残高

現金　150　／	売上高　150	利益のお金の残高　100
（利益のお金）	（返済不要資金）	借金のお金の残高　100
		現金残高　200

例1は、借入して現金が増加した時の仕訳と各現金の残高の表示です。これは、借入金という返済必要資金の調達を原因として増加した現金は、借金のお金の増加です。

例2は、借入して借金のお金ができて、利益のお金として使える時の仕訳と各現金の残高の表示です。これは、広告費という返済不要資金の運用を原因として減少した現金は、利益のお金の減少です。つまり、借金をして自分の稼ぎ以上にお金（利益のお金）を使った結果、利益のお金の残高はマイナス50になります。

例3は、現金で売り上げた時の仕訳と各現金の残高の表示です。これは、売上高という返済不要資金の調達を原因として増加した現金は利益のお金の増加です。つまり、利益のお金の残高がマイナス50の時に利益のお金150を稼いだから、利益のお金の残高は100となります。

借金のお金を使ったら利益のお金が減少し、借金のお金は減少しない

借金のお金を使えば、利益のお金として減少しますが、借金のお金は減少しないことに気付きました。

一般的に、借金を返済するお金は、利益を出して「利益のお金」で借金を返済しているとほとんどの人が考えていると思います。

私も以前はそう考えていました。

確かに、目に見えるお金の動きはそのように見えます。「お金」は、見た目は1つですから、目に見えるお金の動きだけを見たらそのようにしか見えません。

しかし、前述したように事業活動上のお金は、「利益のお金」の受領時点と「借金のお金」の受領時点では、各々のお金は目に見えて確認もできます。

この時点でのお金は**可視貨幣**の段階です。

そのお金が一旦、財布の中に入ってしまうと、この2つの「お金」は同化されて区分することができなくなります。

この時点でのお金は**不可視貨幣**の段階です。

そして、この目に見えない2つのお金のそれぞれの残高を求める方法を考えると、借金の返済は「借金のお金」で返済していると考えられる理屈になるということです。詳細は74ページ~76ページをご覧ください。

商取引の原則から見れば、必ず相手が存在するから資金が動きます。ですから、「本当の利益」と「利益のお金」は必ず一致します。

つまり、「本当の利益」とは、「利益のお金」であり「利益の現預金」だということです。そう考えることが、**財務の原則**だと考えます。

個人の財務はこのように考えられていると考えています。つまり、個人の預金残高を貯蓄額と呼ぶ所以ではないかと思います。

一方で法人の預金残高を貯蓄額とは呼ばないのは、法人の場合は利益のお金だけでなく、「借金のお金」というお金が動いていることを何となく気付いているからではないかと思います。

しかし、前述したように、現行会計制度が各会計期間の株主間で平等となるように、配当可能利益を計算するための会計ルールを作成する必要性から損益計算と資金計算を別物として割り切らざるを得なかったように考えます。

この現行会計の例外の利益計算のルールが、いつしか原則的な利益計算だと勘違いされたまま現在に至っていると考えています。

現行会計制度は、投資家への報告会計なので上場会社には適していると考えますが、非上場会社にそのまま適用すれば、弊害になることが多いと考えています。

その弊害の典型が「**黒字倒産**」だと考えています。

この弊害をなくすために、**時点利益資金会計**では、現実の「本当の損益」が表示される**利益資金管理表**（別名を**倒産防止管理表**）を用意しています。

この利益資金管理表は、会社が創業以来いくらの利益のお金を稼いだのか？　そして、その利益のお金がどこに使われて、今現在、その利益のお金がいくら残っているのか？　いないのか？　が明確に分かる表になっています。

3人の会計実務家との出会い

私が尊敬する3人の会計実務家についてお話したいと思います。

その1人は言うまでもなく、私にこの資金会計を教えていただいた税理士の佐藤幸利先生です。

佐藤先生は1965（昭和40）年ごろから、企業人はどうやって企業の損益を認識するのだろうかという疑問を抱いていて、1986（昭和61）年12月15日から企業人の「企業損益認識方法」に取り組み、その後いろいろと試行錯誤しながら、ふとした閃きから資金会計理論をつくり上げたと言われていました。

同じ現行会計を勉強した税理士なのに、この発想の違いに驚きを感じたのを思い出します。

私がこの佐藤先生の資金会計セミナーを初めてお聞きしたのは１９９６（平成８）年９月でした。その後ＣＭＡ研究会が発足し、80数名が参加し、私も当然に加入させていただきました。

それからしばらくして、公認会計士の金子利男先生が１９９０（平成２）年12月に文化出版局から刊行された『会計の悲劇』という本の存在を知り、購入し、読んでみて驚かされたことが思い出されます。

この本は現在絶版になっているのですが、大いに示唆に富む貴重な発言が多く書かれていますので、私が感銘を受けたところを抜粋し掲載したいと思います。

金子利男先生は、この本の書き出しでこのように述べています。

昭和32年ごろからそれまでは、当然のように思って何の不思議も抱かずにしてきた会計の計算が、なぜ可能なのだろうかと思いはじめると、たいへん不安になってきて、計算に当たって自信を失ってしまった。……むろん、この計算とは期間

損益計算のことで……浅学の筆者は、先学の業績に触れることもできず、ただ悩むばかりであった。

この記述を読んで私は、現行会計を学んで税理士になったのですが、今まで一度も現行会計学に対して疑問を持たなかった自分がとても恥ずかしいという思いと、疑問に感じた金子先生に感心しました。

また、金子先生はこの本の21ページで、実父の金子利八郎氏のことを次のように紹介しています。

昭和11年に日本経営学会で、収支ニ勘定説なる新勘定学説を発表し、以後、毎年同じようなことを発表し、大会運営の人々を困惑させていたのではないかと思うが、本気で聞く人もいなかったようで、愛すべき奇人としか人目に映らなかったのではなかったか。

そして、22ページから金子利八郎氏の新勘定学説について、次のように記載しています。

父の勘定学説は、本来貨幣と計算貨幣（いろいろな名称を用いた。たとえば、第一貨幣と第二貨幣、可視貨幣と不可視貨幣等々）いずれにせよ支払手段となる貨幣と尺度としての貨幣の区分認識を主張するもので、支払手段としての貨幣の入出を収納・支払と名づけ、収納・支払運動があるときの尺度としての貨幣を収入・支出とした。……カネに印しはつけられないので、印しは尺度としての貨幣すなわち収入・支出につける。

基本的には、収入は収益収入と資本収入、支出は収益支出と資本支出に分類され、収益収入と収益支出が損益計算書を収納・支出の残と資本収入の残と資本支出の残が貸借対照表をそれぞれ構成するとなす。とても簡単には要約できないから、もし、興味をおもちの方は、利八郎著『簿記の理論と実践』（昭和24年・巌松堂）をご覧願いたい。

31ページの資金概念の混乱の書き出しでは、

利益剰余金を借金の返済に「充てる」ために「使用する」ということは、まったくナンセンスである。これを返済に「充てる」ことが、不可能というか意味をなさないからである。返済に「充てる」のは、支払手段（現金）あるいはその他の資産と称されるものであって、利益剰余金の関知したことではない。何程巨額の借金を返済しようと、利益剰余金自体は微動だにもするものではない。常識的には、「もうけ」で借金を返すという考え方は、確かにある。しかし、これは、会計以前の考え方である。「もうけ」と現金が分離されて把握されていないからである。

さらに37ページには、

資金、資金とだれもが心安く用い、現に筆者も本稿においてすでにたびたびこれを用いてきたが、皆の用いる資金概念の内包が必ず一致しているかというと、必ずしもそうでないことは、周知のとおりである。これはまことに不便なことで、互いにつかっている言葉の内容が異なるのでは、話にも何もなるものではない。会計が科学となるためには、あらかじめの約束事として、用いる概念を規定してかかることが絶対に必要なことである。

と書かれています。

このように昭和初期に、しかも親子で現行会計に対して懐疑を抱き、いろいろと思考し、研究していた会計学者がこの日本にいたことに、私は誇りをもって、すばらしいことだと思っています。

そして、この金子先生親子が現行会計制度に対する懐疑を抱いた点に対して、佐藤先生の閃きから生まれた資金会計理論の延長線上で解決できる点が多いと、私は考えています。

第3章

財務状況を見る前に覚えておきたい、お金のこと

複式簿記と会計学の違いは？

複式簿記とは、簡単に言うならば商取引の二面性（原因と結果）に着目し、左右同額（複式）で表示して、商取引を一定のルールで整理し表示する学問です。

一方、会計学とは、複式簿記で整理した商取引データを利害関係者に報告するために、一定期間の経営成績や財政状態を表示するルールを定めた学問です。

これを考えると、複式簿記の本来の役割は、商取引をありのまま整理し表示する学問で、会計学は、複式簿記で整理したデータを利害関係者へ報告するためにさまざまなルールを作り上げる学問のような気がしてなりません。そのため、人的評価の入る余地が多くなってしまうのです。

企業本来の財政状態や経営成績は、人為的ルールを通さずに、すべての商取引を複式簿記で算出した真実のデータで見るべきなのではないでしょうか。

まずは現時点の財政状態をしっかりと見極めたうえで、その企業の将来を見通すことが大切だと考えます。

ドイツの文豪ゲーテは見抜いていたのか？

ドイツを代表する文豪、ヨハン・ヴォルフガング・フォン・ゲーテはその著書の中で**「複式簿記は人智の産んだ最も偉大な発明の1つである」**との言葉を残しています。

ここで私が感心するのは、会計学ではなくゲーテが「複式簿記」と言っている点です。

「複式簿記」は1494年にイタリアの数学者であり修道僧でもある、ルカ・パチヨーリの手により初めて数学書の中で紹介されました。

これまで商人の間で秘伝的扱いとされてきた複式簿記を、一般的に公開し普及させたのがルカ・パチョーリ、その人であり、複式簿記が現代まで残る記帳技術として日の目をみることができたのも、ルカ・パチョーリの功績であると言われています。

当時の複式簿記がどのようなものだったのかは分かりませんが、現在の複式簿記の原理とほとんど同じものだったようです。

会計学のルールは、その時代によっていろいろな改正の繰り返しがあったのに対して、複式簿記の原理はその誕生から530年以上経過しているにもかかわらず変わっていないのだとしたら、ゲーテの残した言葉のように「人智の産んだ最も偉大な発明の1つ」なのだと感心する次第です。

特に佐藤先生の資金会計理論を知り、その後さまざまな研究をした結果、改めて複式簿記原理の存在の偉大さを実感しています。

もし、ゲーテが資金会計理論を知る機会があったら、複式簿記と同等か、それ以上の評価をしてくださるような気がしてなりません。

商売で稼いだ「利益のお金」を診るには、自計化が絶対条件である

お金そのものには「色（性格）」は付かないのも事実です。しかし、お金には、「利益のお金」と「借金のお金」の2つの色（性格）があるのも事実です。

経営者は利益という結果を求められます。この利益は絵に描いた餅であってはならず、ちゃんと食べられる餅、すなわち**「利益のお金」**であるべきです。

しかし、現行会計の期間損益は「お金と一致しない」という考え方が原則で、お金（資金）の計算は別途計算するというスタンスをとっています。

すなわち、「損益の計算」と「資金の計算」は別物であるという考え方なのです。

これでは、利益が食べられる餅として成り立ちません。

では、経営者が見るべき財務とはどのようなものなのでしょうか？

ビジネスを円滑に行っていく上で、資金繰りをうまく行うことは重要ですが、それと同等以上に大事なことがあります。

それは、事業活動によって「利益のお金が出ているかどうか」を見極める目を持つことです。これが経営者として重要な「**金銭感覚**」だと思います。

残念ながら、現行会計制度ではその利益のお金が見えません。見ることができないので黒字倒産などという事態を招いてしまうのです。

なぜ、黒字倒産となってしまうのか？　それは、現行会計制度のシステムに問題があるからです。本当の利益とは、「利益のお金」ですから、使えば減少するものですが、現行会計にはその利益の減少を見えなくする仕組みがあるのです。

それは、期間損益計算という大義による費用の繰延を資産と称して費用を繰延する手段を会計の原理原則のように考えているからだと思っています。

現行会計は、あくまでも、上場会社の株主等への報告会計として研究され発展してきた歴史のみなので、仕方のない側面は認めます。

しかし、会社の実態を経営者の立場で確認する会計として、研究された実績が世界にも日本にもまったく見受けられません。

その証拠として、「資金」の問題は「資金繰り」をどうするかという問題だけに終始しており、「お金」の中身を研究した足跡がまったく見受けられません。これでは経営者の多くが、会社の「利益のお金」の蓄積度合がまったく分からないために、それぞれの経営者が、それぞれの金銭感覚で自分の会社の蓄積度合を把握するしか方法がなかったという状況が、今も続いているのが現状だと思っています。

現行会計は、利益剰余金の多い会社は内部留保が多くて財務が強い会社だ、ということを自己資本比率で表現していますが、この自己資本比率は本当に正しい表示になっているのでしょうか？

現行会計での財務分析によると、一般的に、自己資本比率が50％を超えている会社は良い会社だと言われます。果たして、本当にそうなのでしょうか？

このような会社でも、ある日突然に黒字倒産するケースがありますが、なぜそうなるのでしょうか？


この疑問に適切に答えられる会計専門家がどのくらいいるのでしょうか？

少なくとも、現行会計学だけを学んだ会計専門家では答えられないことは断言できると思います。

そこで、佐藤先生の資金会計理論を発展させた「時点利益資金会計による倒産防止管理表」を作成すれば一目瞭然として、会社の利益のお金の蓄積度合が診えるようになるのです。

しかし、この利益のお金を診るためには、日々の商取引のすべてを複式簿記で記帳することが前提となります。


そう、あのゲーテも絶賛した複式簿記です。

複式簿記で日々の、すべての商取引を記帳するためには会計ソフトを使用し、自社で試算表を作成する「自計化」が絶対条件になります。この自計化された試算表から「倒産防止管理表」を作成すれば、利益のお金を容易に診ることができるのです。

これが、利益のお金を診るためには自計化が絶対条件であるといえる理由です。ですから、安直に自社の経理を外部に丸投げすることは絶対に避けるべきです。

社長さんたちの財務能力を衰退させる筆頭が、この経理の外部への丸投げだと思います。ですので、多少の割高な料金を支払っても自計化を進め、さらに社長さんたちの財務能力を高めるこの時点利益資金会計を熟知している会計事務所を選択すべきだと思います。

なぜなら売上を築き利益を稼げる能力と財務強化能力は、社長業として「儲けのお金」を残すためには、社長自らがやらなければならない必須の条件だからです。

企業の「財政状態」と「プロフィット・キャッシュフロー経営」とは？

会計学辞典などによると、「企業の財政状態は、その企業の財務諸表を見る人によって違ってくる」ということが書かれています。

単純に考えたら、これはおかしなことだと思いませんか？

現行の会計学で「財政状態」という言葉は、企業会計原則に「貸借対照表は、企業の財政状態を明らかにするために……」と書かれているのですが、財政状態そのものの定義が書かれていません。

では、一般的に、ある会社の財政状態の良し悪しを言う場合に、何を基準にしたら良いのでしょうか？

現在の企業会計原則には残念ながら、それを定める基準がないということです。

定められた基準もなく、財政状態の良し悪しの判断は財務諸表を見る人に委ねられているため、「企業の財政状態は見る人によって違う」ということになってしまっているのでしょう。

この会計学の思考は、日本だけではなく世界的に共通のものです。

しかし、これでは社会科学における「会計学」として、心もとない気がするのは私だけなのでしょうか？

企業の財政状態の良し悪しを見る基準は本当にないのでしょうか？

私は、その基準は「お金」にあると思っています。お金が回っていれば企業は倒産することはありません。それは皆が認める事実です。「借金のお金」で回っている場合には、いずれ限界が生じる可能性は高いですが、「儲けのお金」で回っているのであれば長期継続が可能となります。したがって、「財政状態とはその企業の金回りの状態をいう」と定義することができるのです。

つまり、その企業の金回りの状態が儲けのお金で回っているのか？　それとも借金のお金で回っているのか？　が財政状態を定める基準だということです。

現在の会計制度では「お金に色（性格）は付かない」と言われていたので企業の金回りの状態の中身はわかりませんでした。ですから、単に今現在「お金が回っているかどうか」の表面しか見えなかったのです。これが資金繰りの考え方です。

そして、現行会計制度の「キャッシュフロー計算書」は、この資金繰りを企業の活動別に明らかにした計算書です。そこには儲けのお金の区分は一切ありません。

しかし、今はお金が「儲けのお金」と「儲け以外のお金」で構成されていることは倒産防止管理表を見れば一目瞭然、これにより企業の現状の金回りがはっきりと分かるようになっているのです。

それが**「真のキャッシュフロー経営」**です。

もっと正確に表現するならば**「プロフィット・キャッシュフロー経営」**、すなわち

「利益のお金の流れを確認しながらする経営」のことです。

企業の現時点での財政状態は、はっきりと分かるようになりました。しかし、その企業の将来の財政状態は、現状の財政状態をベースに予測するしかありません。

個人家計の「財政状態」とは？

個人の家計は、原則として預金通帳の残高を確認していれば財政状態を把握することが可能です。現実として多くの人がご自分の預金通帳の残高を確認しながら、ご自身の生活をコントロールされているのではないでしょうか？

預金残高が多くなれば多少の贅沢ができると思い、残高が少なくなければ節約することを考えます。

個人の家計は原則、給料という「儲けのお金（＝利益のお金）」だけで預金通帳の残高が構成されています。そのため、預金残高がそのまま儲けのお金の残高となり、個人の財政状態は預金残高で把握することができるという訳です。

一方、法人や個人事業（以下「法人等」という）の場合は預金通帳の残高を確認しただけでは財政状態を把握することは不可能です。これは皆さんがご承知のとおりのことと思います。

このように個人の財政状態は預金残高で把握できるのに、法人等の財政状態はなぜ預金残高で把握することができないのでしょうか？

その理由は、「預金残高の中身が分からない」ところにあります。

現預金残高には中身がある

先に述べたように、個人と法人等で財政状態の認識に差異が出る原因は何だと思われますか？

それは、預金残高の中に「借金のお金」が含まれているからに他なりません。

事業を始めるには、当初の運転資金として資本金や借入金が必要となります。この資本金は返済不要資金（＝利益のお金）であり、借入金などは返済必要資金（＝借金のお金）に区分されるものです。

商売とは、借金のお金や利益のお金を使って、より多くの利益のお金を稼ぎ、残すことです。

このように、借金のお金と利益のお金、この2種類のお金を動かしながら商売をしているので、預金残高にはこの2種類のお金が混在しているのです。
つまり、現預金残高は「利益のお金の残高」と「借金のお金の残高」で構成されているということです。

今までは、「商売とはお金を投資して、より多くのお金を稼ぐこと」だと言われていました。ここで言う「より多くのお金」とは、利益のお金と借金のお金（当初の投資金）を回収することが含まれています。言われてみれば誰もが納得することだと思いますが、今までこの単純な問題に気付き、その金額まで明瞭に表示した会計制度はありませんでした。
なぜなら、今までの会計制度は期間損益計算を重視するあまり、資金計算を別扱いしてしまっていたからだと思います。

このように不透明な財政状態の表示では、財政状態の良し悪しを判断することは非常に困難だと思いませんか？　判断すべき基準があいまいなデータなのですから仕方のないことなのかもしれません。

しかし、これでは正しい判断ができず、経営者自身が自分の会社の財政状態を把握することができません。

では、どうすれば、この不透明な現預金残高の中身を透明にすることができるのでしょう?

第4章以降で紹介しますが、それには「倒産防止管理表」を使用する他ありません。

倒産防止管理表を使えば、一目瞭然に企業の現預金残高の中身を表示することが可能になります。

「商取引上の利益＝本当の利益」は１つだけです

「利益には２つある」これは、利益すなわち損益には２つの種類があるということです。

１つは、現行会計制度のルールに基づいて計算される「損益」、そして２つ目は、現行会計制度の計算ルールの中で、商取引以外の取引で期間損益を求めるための取引を除外して算出した「損益」です。

商取引以外の取引で期間損益を求めるための取引とは、取引相手のいない取引を言います。つまり、資金の出入りがない取引は除外するということです。ただし、資産などの廃棄損は除外しません。

現行の会計制度は、商取引ではないが期間損益を求めるための仕訳を取引として計上します。例えば、「減価償却費」や「引当金の計上」などがその代表例です。

時点利益資金会計で言う損益とは、2つ目の損益のことです。本当の利益とは、この2つ目の損益のお金ただ1つだということです。

これから私が本書において、何の断りもなく「利益」や「損益」という言葉を使用する場合は、すべて、「商取引に限定した損益」のことだと考えてください。

この損益は、すべての商取引だけを集計して計算するので、いずれは現金化されることになります。

そのため、時点利益資金会計で求めた損益は、いずれ「現金とイコール」になります。つまり、商取引上の損益と現金は、必ず一致することになるのです。

このことをもっと厳密に言うのであれば、「利益とは利益のお金であり、現金には儲けのお金（＝利益のお金）と儲け以外のお金（＝借金のお金）がある」ということです。

すなわち、損益とお金はイコールで繋がる存在だということ（ここで「お金には2つの色がある」という点を思い出し、記憶に留めておいてください）。つまり、お金は利益のお金と借金のお金で構成され、残高になっているということです。

一方、現行の会計制度で求めた期間損益は、商取引以外の取引を仕訳して期間損益を計算しているので、永久に現金とイコールで繋ぐことはできません。

資金、すなわちキャッシュを取り扱うときに、まずはこの点を明確にしておかないと後でとんでもない迷路にハマってしまうことになるので注意してください。

現行会計制度は、この点が明確になっていないので、迷路にハマって抜け出せない状態にあると思っています。

商取引上の利益と現金の違いとは？

制度会計上、利益と現金はまったく別物だと考えられていますが、時点利益資金会計では、利益は「利益のお金」であるが、現金残高は「利益のお金」とは限らないと考えています。

つまり、利益とは、利益のお金であり、現金とは、「利益のお金」と「借金のお金」で構成されているということです。

「商取引上の利益＝利益のお金」。しかし、「現金残高≠利益のお金」です。

本書を読まれている皆さんの中には、「利益と現金の違いなど、少し現行の会計学を学んだ人なら誰でも知っている」と思っている方も多いのではないでしょうか？

私も現行の会計制度を勉強して、税理士試験に合格した者の1人です。ですので、利益は損益計算書で計算された利益であり、現金は現実の現預金の流れから把握される現金で、それ以外にどんな違いがあるというのか？　という疑問を皆さんと同じように抱いていました。そう、28年ほど前までは……。

前述していますが、1996（平成8）年9月に佐藤幸利先生のセミナーを聴講し、この疑問を根本から解消することができたのです。

佐藤先生のセミナーを聞き、その日以来、さまざまな自問自答を繰り返しながら、お金の研究を続けてやっと「利益と現金がどう違うのか」を理解できるようになりました。

先に述べたように、利益には制度会計上の期間損益と私の言う商取引上の損益があり、この商取引上の損益は信用取引の債権債務が決済されれば、必ず「現金とイコール」になります。

それから現金についても、儲けのお金（利益のお金）と儲け以外のお金（借金のお金）の2つがあるというこの単純な事実が今まで解明されていませんでした。

現状は、「現金」という1つの表現しかなかったのです。ピーター・ドラッカーですら、利益より「キャッシュ」が重要だと表現しているだけです。

ドラッカーが言う「キャッシュ」とは、「借金したキャッシュ」ではなく、企業が事業活動で「儲けたキャッシュ」のことを言わんとしていることは分かるのですが、単に「キャッシュ」という表現しかないのが現状の表現方法なのです。

そのため、ドラッカーが言う「キャッシュ」は事業活動で「儲けたキャッシュ」のことだと分かっていても、この段階までの理解では現実に「儲けたキャッシュ」を計算することは不可能だということです。

なぜなら、キャッシュには「儲けたキャッシュ」と「儲け以外のキャッシュ」があることを理解していない人に「儲けたキャッシュ」の計算はできないからです。

このように、現金には「損益資金」と「その他資金」の2つがあることを解明されたのが、佐藤幸利先生です。

しかし、佐藤先生の提唱した資金会計理論では、前述したように利益には3つの種類があり、「企業継続のための利益は現金残高」だと言われました。せっかく、現金には損益資金とその他資金の2つの種類があることを発見しながら、なぜ、利益とは現金残高のことであると言われたのでしょうか？

確かに、企業継続のためには現金残高が必要です。そのため、資金不足企業の社長さんは金策に走り、借金のお金をかき集めて支払いをしています。このかき集めたお金は借金のお金であり利益のお金ではありません。

私の提唱する時点利益資金会計では、利益とは「利益のお金」であり「儲けのお金」ですが、儲け以外のお金（借金のお金）は、儲けのお金とはまったく別の性格のお金として区分しているところが佐藤先生の提唱する理論とは異なる点です。

佐藤先生の提唱する資金会計理論では、「利益とは現金残高のことである」とおっしゃっていますので、私の言う「利益とは利益のお金であり、現金は必ずしも利益のお金だけとは限らない。つまり、借金のお金もある」というものとは違っています。

お金の支払機能の側面を見た場合、「利益のお金」も「借金のお金」もお金としてまったく同じ働きをします。お金としての性格は違っても、お金であることには変わりないのですから当然のことですよね。ですが、借金のお金を使った後には、必ず儲けのお金を稼いでその穴埋めをしなければなりません。それができなければ倒産の運命が待ち構えているということです。

つまり、借金のお金を使っている状態とは、財務が赤字の状態にあるということです。この赤字の状態を儲けのお金で埋めることができなければ経営は行き詰まり、いずれは破綻してしまいます。

経営において重要なのは、儲けのお金で穴埋めができているのかどうかを見極めることです。この儲けのお金で穴埋めができているかどうかを見極める計算書が倒産防止管理表でありお金の損益計算書なのです。

佐藤理論の誤解

佐藤先生は、お金を「損益資金」と「その他資金」に区分しながら、「その他資金」を「固定資金」と「売上仕入資金」および「流動資金」の3つに区分し、合計でお金を4つに区分しました。

資金会計理論としての区分は良かったのですが、資金別貸借対照表での区分上で、「お金」の区分の原点ともいえる大区分である「損益資金」と「その他資金」の区分がぼやけてしまったために、現金残高の区分が難しくなってしまったように思われます。

それから、「お金」の大区分の名称を「損益資金」と「その他資金」とした点ですが、当初は私も何の疑問も持たなかったのですが、その後にいろいろと考えていたところ、「損益資金」の名称は現行会計制度の影響を知らず知らずに受けたものであることに気付いたのです。

私は、「お金」の大区分を「利益のお金」と「借金のお金」の2つに区分したのですが、最近になってその区分が正しかったと思えるようになりました。

それは、「損益資金」とは「利益資金と損失資金」の2つが含まれた表現になっていることに気付いたのですが、そう考えると「損失資金」という資金はあり得るかと考えた場合に、「お金」の2つの大区分のどちらに区分されるかを考えたら「借金のお金」に区分されることに気付きました。

となると、「損失資金」は「借金のお金」で補填されるだけなので、その実質区分は「借金のお金」に入ることになり、「損失資金」という資金区分は必要なく、資金会計理論から考えると「損失資金」という資金はないことになると思い至りました。

したがって、佐藤先生が言われた「損益資金」という区分の名称はふさわしくないように思われるのです。

商取引上の利益の増減と現金の収支はどんな違いがある？

利益の増減と現金の収支はどう違うのでしょうか？

皆さんは「利益の増減の計算」と「現金の収支の計算」は別物だと考えてはいませんか？

もしそうなら、あなたは現行会計学を学ばれた方だと思いますが、いかがでしょう？

私も現行会計学を学んだ人間なので、以前までは何の疑問も持たずに「利益の増減の計算」と「現金の収支の計算」は別物であると信じていました。

しかし、佐藤先生のセミナーを聴講し、お金に関する研究を重ねてきた現在では、「利益の増減計算」と「現金の収支計算」は単純に別物だと考えてはいけないという結論に至りました。

すなわち、「利益の増減計算」と「利益のお金の収支計算」は、まったく同じになるということです。

しかし、現金残高は、「利益のお金の増減残高」と「借金のお金の増減残高」で構成されるということです。

「商取引上の利益の増減＝利益のお金の収支」

しかし、「現金の増減≠利益のお金の収支」

このことは、「利益の残高」と「現金の残高」にも同じことが言えます。

「商取引上の利益の残高＝利益の現金の残高」

しかし、「現金残高≠利益のお金の残高」

皆さんの多くが今まで接してきた会計、そして今も接している会計は、期間損益会計しかありませんので、今すぐに私の言う「時点利益資金会計」をご理解し、納得していただくには無理があって当然のことと思います。また、文章だけで新しい理論を学ぶには難しい面もあります。

私自身も、佐藤先生の資金会計に接した当初は理解も納得もできませんでした。しかし、「お金には2つの色（性格）がある」ということだけは何となくですが、事実だと直感したのです。

佐藤先生のセミナーをお聞きしてから今年で28年目になりますが、そのときの直感が、資金管理会計の研究を続けてこられた原動力になっているのではないかと思います。今ではその直感が正しかったと確信が持てるまでになりました。

現行の制度会計上は、利益の増減の計算は損益計算書で計算され、現金の収支の計算は現預金出納帳で計算するものと教えられ、我々はそれを鵜呑みにしてきました。

しかし、それは正しいものではなかった。

私はたまたま佐藤先生のセミナーを聴講する機会に恵まれ、その後、さまざまな研究を重ね、利益の増減の計算と現金の収支の計算は損益計算書や現預金出納帳といった制度会計上の計算以外にも計算方法があるということに気が付いたのです。

私の気付いたその計算方法では、利益の増減と利益のお金の収支は「イコール」でつなぐことができるのです。

経営者の立場で考えたら、「現金にならない評価損益などは、利益とは言えない」ということです。期間損益計算のはじき出す、現金にならない計算上の利益では、社員の給料を支払うことはできません。また、設備投資などは、投資することによって利益を生むかもしれないものですが、投資した時点では利益のお金の減額に他なりません。

商取引上の利益ってどこにあるのでしょうか？

今まで勉強してきた現行の期間損益会計制度をしばらく封印して考えてみましょう。

私は財務の原点は、利益と利益のお金が明確に表示されている「個人の家計」にあると考えています。

例えば、サラリーマンは毎月の労働の対価として、毎月一定日にお給料を現金で受け取ります。このお給料は利益そのものであり、同額の現金で支給されます。すなわち、「利益＝利益のお金」となるのです。しかも、この利益は目に見える現金（現預金）として、現実に存在しています。

そしてこの利益のお金は、使えば減少し蓄積すれば増加します。つまり、個人の家計は預金残高さえ把握しておけば、破綻せずに生活の継続をコントロールすることができるのです。

これが「商取引上の利益の本質」だと、私は考えています。

では、この商取引上の利益の本質から考えて、現行の期間損益会計制度はどのようなルールで利益の計算をしているのでしょうか？

皆さんもご存じのように、その計算は売上高から経費（減価償却費を含む）を控除して「利益」を計算しています。このときに設備などの投資額は経費に含めないルールになっているので、利益の計算から一旦は除外されますが別途の減価償却というルールで、減価償却費の分だけ毎期経費化されます。

このため、現行の期間損益会計制度で求めた利益と現金はイコールにならない仕組みになっていることを理解しておいてください。

しかも、企業の現預金残高は、利益のお金と借金のお金（借入金や買掛金などの後払いのお金）で構成されているので、現預金の残高を見ているだけでは、財政状態の良し悪しは分かりません。

個人の家計は、原則として現預金の100％が利益のお金で構成されているため、残高を確認すればそれだけで現時点の財政状況を把握することができますが、企業の場合は利益のお金と借金のお金が混在しているため、現預金残高が増えているからといって安心材料にはならないということです。

たとえ現預金残高が増えていても、それが借金のお金であるならば財政状態は良好とはいえません。

以上のことから、企業の場合は現預金残高の中身をしっかりと確認する必要があるといえるのです。

利益のお金（儲けのお金）がいくら残っているのか？　また、儲け以外のお金（借金のお金）がいくら残っているのか？　その結果が現預金残高になっているはずです。

さて、皆さんの会社の利益は、どこにいくら残っているのでしょう？　計算してみてはいかがでしょうか？

倒産防止管理表で計算することができますので、ぜひとも、ご活用いただければと思います。

「商取引上の利益」と「利益のお金」は〝イコール〟が財務の原則

今まで我々は、現行の期間損益会計制度が計算する期間損益が「損益計算の原則」であると教えられてきました。そして、利益（損益計算）と現金（資金計算）は別物だとも教えられ、何の疑問も抱かずに信じ込まされてきたように思います。

その昔、我々の先祖が天動説を信じていたように……。

「宇宙の中心は地球であり、その他の天体はみな地球中心に回っている」なんて傲慢な考え方なのだろう……と、コペルニクスの地動説を知る我々にはそう思えてならないのですが、昔の人類はこれが真理なのだと、心から信じていました。

これが昔の人々にとっては当たり前のことであり、異を唱える人は「異端」だったのです。

今でも、思考的には地動説ですが、体感的には天動説的に思えてしまうことも多く感じられますよね。

現行の会計制度にもこれと同じことが言えるのではないでしょうか？　制度が唱える教えを絶対的なものと信じ、疑うことなく実行している我々は現行会計制度を盲信しているだけなのではないでしょうか？　ちょっとした疑問符も「制度がこうならこれが正解」と飲み込んではいませんか？

私が佐藤先生のセミナーを聴講し、その後さまざまな研究を重ねた結果、現行の会計制度は投資家などの利害関係者に対して、企業が一定のルールに基づき期間損益を報告するためだけに制度化されたルールであるという結論に行き着きました。

そして、このルールが時代とともに改正され、新たに資金解明への要望を組み込んでルール化されたものが「キャッシュフロー計算書」です。しかし、このキャッシュフロー計算書も「商取引上の利益と利益のお金はイコール」だという財務の原則からはほど遠い存在だと考えざるを得ません。なぜなら、現行のキャッシュフロー計算書では、企業の現預金残高を構成している儲けのお金と儲け以外のお金が見えないからです。

一般的にキャッシュフロー計算書の営業キャッシュフローが黒字の会社は良い会社だと言われています。

新聞などで「今までは買掛金の支払いを1カ月後にしていたのですが、この支払いを2カ月延ばして、残った営業キャッシュフローで設備投資しました」なんて記事を見かけることがあります。

この買掛金の支払いを延ばして得たお金は「利益のお金」なのでしょうか？「借金のお金」なのでしょうか？ 儲けなのか、借金なのかの検証もしないで、ただ単に「無利子の資金調達ができる良い会社」として評価しても良いのでしょうか？

ここまでお読みいただいた皆さんならお分かりになると思いますが、この支払いを先延ばしにして得たお金は、いずれ支払わなければならない「借金のお金」です。

借金のお金が増えた会社の財務が、なぜ良い会社だと評価されるのでしょうか？今の私にはそれが不思議でなりません。

私には、財務の実態が見えない現行の会計制度のため、財務が弱くなっていることに気付かないからできる経営判断のように思えてならないのです。

この買掛金を先延ばしにして設備投資に当てた企業は、今後の景気動向しだいで一瞬のうちに黒字倒産になる可能性を考慮した上でこのような経営判断を下したのでしょうか？

投資信託と事業経営の財務判断基準は同じ

投資信託とは、投資家から集めたお金をひとつの大きな資金としてまとめ、運用の専門家が株式や債券などに投資し運用する商品で、その運用成果が投資家それぞれの投資額に応じて分配される仕組みの金融商品です。

したがって、その投資信託の運用成果についての財務判断基準は、当初投資額よりも分配金と元本回収額の合計額が多ければ、利益があったことになります。

逆に、少なければ損失であったことになります。

一方、事業経営（＝事業投資）の場合はどうでしょうか？

例えば、当初の設備投資額２０００万円を資本金１０００万円と銀行借入金１０００万円で賄ったと仮定し、第一期目の決算で売上高８０００万円、経費が７５００万円であったら償却前利益は５００万円となります。これが現行会計制度に基づく期間損益です。

そして、この期間損益は、投資信託で考えるならば、分配金に相当するものと考えられます。

では、決算時点での時点損益計算ではどうなるのでしょうか？

事業経営でのこの設備投資額２０００万円は、この設備投資を活用して将来の利益で回収することが前提であるために、投資信託のように売却しての資金回収は不可能であるケースがほとんどであるため、その決算時点では損失と考えるべきだと考えます。

したがって、決算時点での時点損益は、１５００万円の損失となります。

これが、経営者が自らの事業経営の財務判断をするときの基準とすべきもののだと考えています。

現金出納帳の残高に、なぜマイナスはないのでしょうか？

現行の会計では、「現金出納帳の残高にマイナスはあり得ない」という教えがあります。これは、本当に正しいのでしょうか？

この教えは、現金は1つだという考え方を前提にした考え方です。

時点利益資金会計の研究により、現金には、2つの現金（利益のお金と借金のお金）があることが解明された現在では、この教えは間違いだったことになります。

なぜなら、当座預金出納帳（当座借越付）で考えてみると「自分のお金」以上の支払をしたら、その残高はマイナス表示されるのはご存じのとおりです。

このマイナス状態は、借入金が発生している状態を現しています。つまり、他人の

現金出納帳(借越付)

日付	相手勘定	摘要	自分のお金			他人のお金			利益のお金の残高
			入金額	出金額	残高	返済額	借入金	残高	
1.10	借入金		100,000		100,000		100,000	100,000	0
1.12	仕入			50,000	50,000			100,000	-50,000
1.15	売上		70,000		120,000			100,000	20,000
1.16	借入金			20,000	100,000	20,000		80,000	20,000
1.17	仕入			40,000	60,000			80,000	-20,000
1.18	売上		80,000		140,000			80,000	60,000
1.20	消耗品費			80,000	60,000			80,000	-20,000

お金を使っている状態が、この帳簿で一日で分かります。

現行の現金出納帳の入金欄には、自分で稼いだ利益のお金もあり、他人から借りた借金のお金も入り込んでいます。このため、残高が自分で稼いだ利益のお金なのか？　借金のお金なのか？　の見極めが付きません。

現金出納帳にも今までの入金・出金・残高欄を「自分のお金」の欄とし、新たに借越欄として、「他人のお金」の欄を設ければ、自分のお金の残高から他人のお金の残高を引けば、本当の自分のお金の残高、つまり利益のお金の残高となります。

現金を使ったら利益は減少します

現行の会計制度では、現金が経費などの支払いに充当されたら利益は減少するのですが、設備などの支払いに充当された場合は減少しないルールになっています。

これは、設備などを資産に計上し、一会計期間に対応する減価償却費のみを利益の減少とする期間損益計算がルールになっているからです。引当金の計上や評価損益の計上なども、この期間損益計算からくるルールで計上されています。

これらの減価償却や引当金、評価損益は商取引ではないので取引相手がいません。取引相手がいないということは「現金が動かない」ということです。そのため、現行会計制度の期間損益は「現金と一致しない」ルールになっています。

現行会計制度は損益の計算と現金の計算は別物だと考えているので、現金の動きに関係なく、期間損益計算を重視しているのです。

これで本当に財務の実態が分かると言えるのでしょうか？

私はそこに疑問を感じています。

期間損益に計上されていないだけで、設備投資などにより現金は変動しているのですから現金と一致しないのは当然のことですよね。

そして、この現行会計制度のルールは「経済活動による商取引の損益計算」からみると、例外的なルールになっているのです。

これに対して、時点利益資金会計では、商取引のみの損益計算を求めるため、利益と利益のお金が一致し、損失と借金のお金が一致することになるのです。

現金の摩訶不思議。「借金のお金」を使ったら借金はどうなるのでしょうか？

「借金のお金」を車両などの取得に使えば、当然ですが「現金」は減少します。そして、利益（儲けのお金）も減少します。

しかし、借金の残高は減少しません。

では、「借金のお金」はどうなったのでしょうか？

当然のように「借金のお金」は減少したと思ってはいませんか？

ここが「現金」の不思議なところなのです。

つまり、「借金のお金」を車両などの取得に使えば、当然ですが「現金」は減少します。

【例題】

自分で稼いだ利益のお金100万円と銀行から借りた借金のお金100万円を持っていたとします。その現金残高200万円から車の購入代金150万円を支払ったら現金残高は50万円になりました。

さて、その残った現金残高50万円、そのお金は借金のお金でしょうか？　それとも利益のお金でしょうか？　そして借金のお金はどうなったのでしょうか？　考えてみてください。

（1）自分で稼いだ利益のお金100万円
（2）銀行から借りた借金のお金100万円
（3）現金残高から支払った車の購入代金150万円
（4）現金残高50万円

現金出納帳による現金残高の求め方
（1）100＋（2）100＝200－（3）150＝50

時点利益資金会計（複式簿記）による現金残高の求め方

（借方科目）	（貸方科目）	（減少）	（残高）
（1）現金100 ／	雑収入100	－（3）150＝	△50
（利益のお金）	（返済不要資金）		
（2）現金100 ／	借入金100	＝	100
（借金のお金）	（返済必要資金）		
計　200		－　150＝	50
（3）車両150 ／	現金150		
（返済不要資金）	（利益のお金）		

さて、そのときに減少した「現金」はどちらの現金が減少したことになるのでしょうか？

つまり、現金は「利益のお金＋借金のお金」で成り立っており、利益のお金がマイナスになれば、現預金残高がいくら残っていようとも「財政状態は赤字である」ということです。

支払手段である現金そのものには色が付けられません。しかし、現金が経費や設備などに支払われたものならば「利益のお金の減少」になり、借金の返済のために支払われた現金ならば「借金のお金の減少」になることがお分かりいただけたことと思います。これが、現金残高を色分けできる根拠です。

以上のことから、借金のお金を経費や設備に投資しても借金のお金は減少することはなく、投資した現金は「利益のお金の減少になる」ということがお分かりいただけたでしょうか？

そして、借金のお金が減少するケースは、現金を借金の返済に使ったときだけだということを理解しておいてください。

お金は「縄抜け名人」である

資金使途に制限がついている融資を「紐付き融資」などと呼びます。ここで出題する例題での「銀行Bからの内装設備代の融資」がそれに該当します。

前述したように、お金そのものには色を付けることができません。ですから、銀行から借入れた銀行Bの預金から引出して設備代金を支払ったら、当然に利益のお金の減少となります。

銀行Aに預金していた利益のお金も、銀行Bから借入れた200万円で設備代金を支払った時点で「借金のお金」に入れ替わることになります。

つまり、当初、銀行Aに預金したお金は自分で稼いだ利益のお金で、その後、銀行Aから預金の引き出しは一切していませんが、銀行Bから借り入れた200万円を引

【現金が増減した原因の勘定科目でお金の色付けがわかる事例】


【例題】

自分で稼いだ利益のお金200万円を銀行Aに預金しています。内装設備代金の支払いという名目で銀行Bから200万円を借り入れし、銀行Bに預金しました。その後、銀行Bに預金しているお金200万円を引き出して内装設備代金の支払いに当てました。その後、自分で稼いだ利益のお金100万円を銀行Bに預金しました。

この例題を複式簿記の仕訳で示すと次のようになります。

	（借方科目）		（貸方科目）
（1）	A普通200万円 （利益のお金）	／	売上高200万円 （返済不要資金）
（2）	B普通200万円 （借金のお金）	／	借入金200万円 （返済必要資金）
（3）	内装設備200万円 （返済不要資金）	／	B普通200万円 （利益のお金）
（4）	B普通100万円 （利益のお金）	／	売上高100万円 （返済不要資金）

さて、この例題をよく読み、次の問題について考えてみてください。


〈問題1〉

銀行Aと銀行Bに預金されていた残高400万円の内訳は？


〈問題2〉

内装設備代金を支払った時点での銀行Aの預金は利益のお金か？　それとも借金のお金か？


〈問題3〉

自分で稼いだ利益のお金100万円を銀行Bに預金した時点での、銀行Aと銀行Bの預金残高の中身は？

預金帳による預金残高の求め方

	（当初残高）		（引出）		（引出後残高）		（入金）		（入金後残高）
A 預金帳	（1）200	−	0	=	200	+	0	=	200
B 預金帳	（2）200	−	（3）200	=	0	+	（4）100	=	100
計	400	−	200	=	200	+	100	=	300

時点利益資金会計（複式簿記）による預金残高の求め方

（借方科目）		（貸方科目）		（減少）		（残高）		（増加）		（残高）
A普通 200	／	売上高 200	−	（3）200	=	0	+	（5）100	=	100
（利益のお金）		（返済不要資金）								
B普通 200	／	借入金 200	−		=	200	+		=	200
（借金のお金）		（返済必要資金）								
計 400				200	=	200	+	100	=	300

（注）B 銀行普通の中身のお金は、当初は借金のお金が入っていたのですが引出して内装設備代金として支払った時点で、利益のお金で支払った事になります。そして同時に A 銀行普通の中身のお金は、当初は利益のお金が入っていたのですが、借金のお金に入れ替わった事になります。

【解答】

〈問題 1 〉
銀行 A と銀行 B の預金残高 400 万円の中身は、利益のお金 200 万円＋借金のお金 200 万円です。

〈問題 2 〉
内装設備代金を支払った後の銀行 A と銀行 B の預金残高 200 万円の中身は、利益のお金 0 円＋借金のお金 200 万円です。したがって、この時点での銀行 A の普通預金 200 万円は借金のお金に変わっています。

〈問題 3 〉
自分で稼いだお金 100 万円を銀行 B に預金した時点での預金合計残高 300 万円の中身は、利益のお金 100 万円＋借金のお金 200 万円です。

き出し、設備代金に支払った時点で、表面上は一切出し入れのない銀行Aの預金の中身が、「利益のお金から借金のお金に入れ替わった」ことになるのです。

お金そのものには色は付かないので、お金の流れから見ると紐付き融資であっても、お金の中身はいとも簡単に瞬間移動してしまいます。

これが、お金が縄抜けの名人と言われる所以です。

運転資金の悪しき習慣

商取引上のモラルとして考えれば、購入した代金（買掛金）は通常の支払日に支払うことが原則です。

信用経済社会の中で通常の支払日とは、購入日から1カ月以内くらいだと考えられます。この1カ月以内という期間は、計算期間と支払いの煩雑さを考慮してのものだろうと思います。

デジタル社会になった現代だからこそ、この通常の支払日は短縮されることが望ましいのではないでしょうか？

しかし、上場企業に「キャッシュフロー計算書」が義務化されたことにより、この買掛金などの通常の支払日を意識して長期化させる企業が多くなっています。

これは、買掛金の支払いを遅らせることにより、営業キャッシュフローが増加するからだと思われます。

時点利益資金会計からみると、それは「財務を弱体化させる悪しき慣習」と言わざるを得ない方法なのです。なぜなら、買掛金の支払いを遅らせるということは、借金のお金を増やすことになるからです。しかし、現行会計制度では、無利子で資金を調達する良い方法と考えられています。

売掛金残高よりも買掛金残高が多い企業は、制度会計上はキャッシュフローの良い会社と見られ、その企業の財務基盤が確実に弱体化していることに気がついていないのです。

飲食店などが店舗を増やすと、この買掛金が増加して手元資金が増加することになります。この短期資金で、店舗を増やすことは絶対にやってはいけません。

中小企業の資金繰りの改善と経済活性化に寄与する税制改正を！

買掛金の支払いを遅らせる企業は、取引の優位性を利用できる企業が多いと考えられます。これらの企業は取引の優位性を利用して、無利息資金を調達していることになり、納入業者にとっては「自分で稼いだお金」であるにもかかわらず、購入先企業に「自分のお金を差し押さえられている」ようなものだと思うのです。

このような悪しき慣習を改善する方法として税制の改正が挙げられます。税制を改正することによって、買掛金残高を損金不算入とし、逆に売掛金残高については益金不算入とすることで、取引相手の都合により売掛金残高が多くなるのを避けることができるのです。

このように税制面を利用して資金面を正常な取引状態に戻すバックアップができれ

ば、中小企業の活性化に繋がり、経済活性化にも寄与するものになると考えられます。

こうして、自分で稼いだ現金の受け取りをスムーズに循環させ、その循環の環が広がれば、現金の動きはより活性化し、各企業の利益のお金も増加していくことが予測されます。

その結果、国および地方公共団体の税収は上がり、ゆくゆくは日本経済の回復にまで波及していくのではないでしょうか？

「黒字倒産」の本当の意味とは？

現行の会計制度では、損益計算書が黒字でも資金繰りが付かずに倒産することを**「黒字倒産」**と言っています。

しかし、一般的に考えると「利益のお金」（黒字）以上に現金を使うためには、「借金のお金」（赤字）で帳尻を合わせるしかありません。つまり、利益のお金で資金繰りが付かないということは、財政状態は赤字であるということです。

経営成績が黒字であるにもかかわらず倒産してしまうのは、現行会計制度のルールが「利益と現金は一致しない」と考えられているためです。

しかし、時点利益資金会計では「本当の利益と利益のお金はイコールで繋がるもの」と考えているため、黒字倒産という言葉はなんとも奇妙なものに感じるのです。

本当に黒字ならば、資金繰りに詰まることはあり得ません。現行の会計制度が期間損益だけを重要視したため、財務の原則である「本当の利益と利益のお金はイコール」だということに気付いていないのです。損益計算と資金計算が別物であると考えている限り、黒字倒産の悲劇はなくならないでしょう。

「我が社は黒字決算です」「我が社の自己資本比率は50％を越えています」とおっしゃる会社の財務を時点利益資金会計の倒産防止管理表を用いて資金分析すると、ほとんどの社長さんが驚かれます。

なぜなら、今まで黒字だと思っていた会社が、実は赤字であることが一発で分かってしまうからです。

「黒字決算」や「自己資本比率」などという言葉は、現行の制度会計上の期間損益計算の結果を基に作成された財務諸表の数値による判断です。

会計を知らない一般の人から見たら、「なぜ、黒字決算の会社が倒産してしまうのだろう？」と不思議に思うのではないでしょうか？

その原因は、現行会計の考え方と一般の人の考え方に差異が生じているためです。

現行会計制度は、一定期間の期間損益計算を前提にした計算ルールであり、会計人はこれを原則的な会計ルールだと認識しています。

これに対して一般の個人は、今この時点で儲けのお金が残っているのか？　残っていないのか？　を見て財務の強弱を判断しているのです。つまり、期間計算はしていないということです。


昔は月給３００万円稼いでいたが、今は月給30万円で預金残高は１００万円だという人の財務の強弱の判断は、今現在の月給30万円と預金残高の１００万円を元に判断します。

いくら給料を多く稼いでも、その儲けのお金を使えば利益のお金は減少し、今残っている儲けのお金がその人個人の財政基盤だということです。これが財務判断の原則的な考え方といえるのではないでしょうか。

この考え方は、法人の財務判断でも原則は同じだといえます。

このように考えると、現行会計制度の会計ルールは、実は原則的なルールではなく、上場会社の株主等のための期間損益計算を前提とした例外的なルールだったのだと考えると理論の筋道が通ると思うのですが、いかがでしょう。

借入金の意味とは？

個人の家計で借入金がある場合、その家計は「赤字の家計」だと言いますが、会社の場合は借入金があっても「赤字の会社」と言わないのはなぜなのでしょうか？

借金をするということは、儲けのお金が不足しているが、借金したお金で設備などへの投資をすれば、儲けのお金を稼げて借金の返済も可能だということを前提でするのが原則です。このように借金の残高が残っている間は「赤字の会社」で、これが財務の見方の原則だと思います。

会社の財政状態が赤字であるにもかかわらず、「赤字の会社」と言わない理由は、現行会計制度の期間損益計算ルールにあります。

現行会計制度は期間損益を前提としているため、設備投資などは資産計上され、期間損益は黒字になり、表面上は「赤字」に見えなくなってしまうからです。

くれぐれも誤解しないでいただきたいのですが、赤字の会社がすべて悪いと言っているのではありません。赤字になっている場合は、その赤字の内容分析が必要であり、その分析結果によっては良い会社もあるということです。

時点利益資金会計はあくまで、その時点での会社の財務の実態を表現するだけのものです。その会社の事業の規模に応じた借金で、計画どおりに返済額以上の利益のお金を稼いで、税金も支払えるなら健全な借金だと考えます。

借りたお金を使い、予定どおりに利益のお金を稼ぎ続けることができ、借金を完済した後に儲けのお金が残るのであれば、それは健全な財政状態でお金が動いているということです。

ただし、借りたお金が残っている間は依然として赤字の財務なのですから無駄な出費を抑え、過度な利益の繰延などの節税対策はやめるべき時期にあることを認識しましょう。

強固な財務構築を目指すなら、「この税金は無駄な税金なのか？　それとも有効な税金なのか？　あるいは無駄な節税対策なのか？」を時点利益資金会計で見極める必要があります。そして、無駄な税金や無駄な節税資金は一切払わないように注意すべきです。

また、**儲けのお金**は税金を払わないと絶対に残らない仕組みになっていることをご存じでしょうか？

税金は利益に対して課税されるものであり、利益から税金を差し引いたお金が「儲けのお金」となるのです。

現行の期間損益会計制度では、借金をして設備投資しても損益計算上の経費にできるのは、その設備投資額に基づいた減価償却費だけというルールになっているので、損益計算上は見せかけの黒字になるケースが多々あります。

しかし、借金したお金はすべて消費され残っていません。

後は、この設備投資を活用して、計画どおりに儲けのお金を稼ぎ、「借金を完済するまでは利益のお金は残らない」という財務の現実を知った上で、財務の判断を間違わないようにしましょう。

現行の会計制度の中で「現金は現実、損益は見解の問題」だと言われ、資金の解明のため2000年に「キャッシュフロー計算書」が導入されました。しかし、現金の研究が不足しているために、いまだに損益計算と資金計算は別物だという会計ルールを堅持したままです。

このような状態でキャッシュフローの期間の流れだけを追いかけても、会社の財務の実態をはっきりと見ることはできないでしょう。

上場会社は現行会計制度で良いとしても、非上場会社の会計制度については、根本から見直す時期にきているのではないかと私は思います。

社長業の仕事の成績は、2つで判定

社長業の仕事は、いろいろと幅が広く、大変な重責を背負っているものだと考えています。そして、その仕事の成績は、次の2つで判定されます。

1つ目は、人・物・金を効率よく使って、利益のお金の源泉となる「売上高というお金」を稼ぎ、その稼いだお金から経費やその他の支出を控除して利益のお金を残すこと。

そして2つ目は、稼いだ利益のお金を再投資しながら、より多くの利益のお金を稼ぎ、より多くの利益のお金を残して会社の財務を強化することです。

もちろん、お金を残すことだけがすべてではありません。しかし、商売を継続していくためには、利益のお金を稼がなければなりません。これは明白な事実です。

そして、その利益のお金を毎年少しずつでも蓄積していくことが、会社の財務を強化する唯一の道なのです。

以上のことから、会社の業績判定は、社長さんのいろいろな仕事の結果として、「利益のお金をいくら稼いだのか？」そして「その利益のお金をいくら残すことができたのか？」で判定すべきだと思います。

この考えが、本来のプロフィット・キャッシュフローの原点であるべきだと思います。ですから、**本当の利益**とは、現行会計が求める差額の損益ではなく、**利益のお金**であることを認識し、本当の利益を明らかにする「倒産防止管理表」と「お金の損益計算書」を作成して、経営成績の判定をしながら、経営の改善に役立てて欲しいと思います。

このように、重要な経営の業績を判断するための基礎データは、毎日の商取引を正確に早く処理して、月末から遅くても1週間以内には月次試算表が出るように自計化する必要があるでしょう。

月次試算表の作成を会計事務所などに依頼している企業も多いとは思いますが、はっきり言ってそれでは遅すぎます。月次試算表が2カ月遅れや3カ月遅れになってしまっては、まったく意味をなさないものを手にすることになってしまいます。

これでは、資金管理という羅針盤を見ずに航海しているようなものです。

月次試算表は自社で作成する。効率的で意味のあるものにするにはそれしかありません。

多少割高な料金を払ってもこの時点利益資金管理会計を熟知している会計事務所に自計化の指導と社長さんの財務能力強化の指導を求めるべきだと思います。

「倒産防止管理表」と「お金の損益計算書」で、財務の実態を知り改善する

マネジメントの父ともいわれているピーター・ドラッカーは、現行会計の期間損益を信頼せずに、「利益は存在しない。キャッシュフローを重視する」と断言しました。

このドラッカーの言い方は、不正確で誤解を生むように思っています。

正確な表現は、「現行会計が求める期間損益は存在しない。プロフィットキャッシュ（利益のお金）を重視する」と言うべきだったと思います。

商売は金儲けなのですから、利益のお金は確実に存在しています。そして、借金のお金も確実に存在し、この利益のお金と借金のお金で事業のキャッシュフローは回っているのです。

「利益は存在しない」と言い切ったドラッカーが言った「利益」とは、現行会計が求

める売上等から経費等を控除して求める差額の利益は存在しないと言っているのだと思います。この点は私もそのとおりだと思います。

しかし、だからといって、キャッシュフローを重視するという点は、そのまま賛同はできません。なぜなら、「キャッシュ」と言っても2つのキャッシュがあることを認識していなければ財務は強化できないからです。

ドラッカーは、そのことに気が付いていなかったと思われます。

このように、**キャッシュフローには2つの色（性格）がある**ということに気付いている人は、世界中にごくわずかだということです。

それは、この事象を発見した佐藤幸利先生と先生のお話を聞いて自ら勉強をした人、それから、直感的にこのことを理解している経営者だけなのではないでしょうか。

キャッシュフローの色付けを知り、理解することで、企業財務の実態を把握し、改善することができます。

そのため、倒産防止管理表とお金の損益計算書を用いて、利益のお金と借金のお金の金回り状態、つまり財政状態を明らかにすれば、今後の会社の強固な財務構築に役立つ手を打つことができるのです。

「まだ借金があるのに、損益計算書で利益があるから利益の繰り延べ対策をする」そんな社長さんも多いのではないでしょうか？

しかし、この対策は財務を弱体化させる悪しき慣習です。このことに気付いておられる方は非常に少ないと言えます。

財務を強化するには、利益のお金を蓄積するしか方法はありません。利益のお金の積み重ねこそ、財務の基盤を築くものであり、健全なお金の動きを支えるものとなるのです。

財務力とは、利益のお金を**稼ぐ力**と**残せる力**と**蓄積額**の総合力です。

間違ってはならないのが、単に「現金を預金するのではない」というところです。目に見えている単なる現預金ではなく、本当の利益、つまり儲けのお金を蓄積する必要があるのです。

「現預金が増えたから財務は健全」などと思ってはいけません。フタを開けてみたらその現預金は儲けのお金ではなく、借金のお金だったなんてこともあるのです。

今ある現預金の中身を知り、利益のお金を増やす、これが財務強化の鉄則です。

現行会計制度の重要性

私は、ここまでいろいろと現行の期間損益会計制度の否定的側面を述べてきた訳ではありません。

現行会計制度には、株主等の利害関係者への期間損益情報などを提供するという重要な社会的役割を担っています。これからも、この重責を全うするための研究をぜひとも続けていただきたいと希望する者です。

一方、経営者のための会計という側面から考えると、まだまだ研究不足の面が多いと考えています。

今回の私の「時点利益資金会計」を機会に「非上場会社の経営者のための会計」を考える会計学者や会計実務家がより多くなり、この研究がより発展することを期待する次第です。

納税しないと「利益のお金」は蓄積できない

税金を少しでも少なくしようと思うことは人情として分かります。
だからといって、現金支出を伴う節税をすべきなのでしょうか？

本当の節税とは、現金支出の伴わない税制度の恩典をすべて活用して、税金をできる限り少なくすることだと考えています。

ですから、現金支出が伴う節税は、税金を少なくする以上に大切な利益のお金を失くすことになるので、本当の節税ではないことを自覚すべきだと思います。

そして、利益のお金の蓄積は、納税をしないと絶対に蓄積できないということにお気付きの方は意外に少ないのではないでしょうか……。

第4章

世界初！
利益とお金が一致する「時点利益資金会計」

非上場会社の経営者のための時点利益資金会計の基礎

（1）資金とは

時点利益資金会計でいう資金とは、「現預金（＝お金）」と定義します。

（2）資金の2つの色（性格）とは

資金には「返済不要資金（＝利益のお金）」と「返済必要資金（＝借金のお金）」があります。そして、その資金の残高も2つに区分されます。

一般的に商売とは、お金を投資し、より多くのお金を稼ぐ行為だと言われています。

このことの本当の意味を時点利益資金会計で表現すると、「商売とは借金のお金や利益のお金を投資し、より多くの利益のお金を稼ぐ行為」となります。

今までは「お金に色（性格）は付かない」と考えられていたので、このようにお金の中身を表現できずにいました。

単にお金という表現でも、そのニュアンスの違いを伝えたい思いはあったのでしょうが、適切な表現方法がなかったのです。

これによって、キャッシュフローの考え方に誤解が生じている現状があると言えます。キャッシュフローとは、単にお金の支払いができていれば良いと考えられて、会社は支払いができている間は赤字でも倒産しないとも言われています。

本当に、この考え方で会社の財務は良いのでしょうか？

確かに、会社は支払いができている間は、倒産はしません。

しかし、借金のお金で支払っている状況では、おのずと限界が訪れ、支払不能になるのも時間の問題となります。だからこそ、会社の財務は、その支払いが利益のお金でできているかどうかの確認が必要となります。

しかしながら、現行会計制度のキャッシュフロー計算書では、その確認ができません。

時点利益資金会計の「**倒産防止管理表**」と「**お金の損益計算書**」を作成すれば、その確認ができます。

(3) 取引とは

時点利益資金会計でいう取引とは、商取引のみに限定しています。商取引は常に取引相手がいるので、そこには常に資金の移動が伴うということになります。商取引に限定することによって、「**利益と利益のお金が一致する**」表示が可能になります。

そして、利益と利益のお金が一致するということは、現金残高は利益のお金の残高と借金のお金の残高の合計と一致するということでもあります。

これは「損益とお金は一致しない」とする現行の会計制度とは大きく異なる点です。

現行の会計制度は期間損益計算を重視するために、商取引ではない減価償却費や各種引当金などを仕訳して期間損益を計算しています。

そのため、期間損益とお金はいつまでも一致しない仕組みになっています。

このように、現行会計制度は損益計算と資金計算は、別物で当然だと考えています。

現行会計制度の役割が上場会社の株主等への報告のための会計ですから、これはこれで良いのかもしれません。

しかし、「非上場会社の経営者のための会計」という立場から企業の財政状態を明らかにするには、やはり、取引を商取引に限定し、「利益と利益のお金が一致する会計」であるべきだと考えます。

(4) 仕訳とは

時点利益資金会計では、仕訳を「資金の移動」を示したものであると定義します。

例題で説明していきましょう。

【例題】

次の例題を仕訳し、資金増減の原因を「返済不要資金（＝利益のお金）」と「返済必要資金（＝借金のお金）」に区分し、現金の動きとその中身を確認してください。

問題 1
資本金 1,000 万円で会社を設立しました。
（答） 現金 1,000 ／ 資本金 1,000
（利益のお金） （返済不要資金）

問題 2
500 万円を借り入れました。
（答） 現金 500 ／ 借入金 500
（借金のお金） （返済必要資金）

問題 3
内装設備代 1,000 万円支払いました。
（答） 設備 1,000 ／ 現金 1,000
（返済不要資金） （利益のお金）

問題 4
商品 2,000 万円を掛けで仕入れました。
（答） 商品 2,000 ／ 買掛金 2,000
（返済不要資金） （返済必要資金）

問題5
商品 2,000 万円を現金 3,000 万円で売上ました。
(答) 現金 3,000 ／ 売上 3,000
(利益のお金) (返済不要資金)

売上原価 2,000 ／ 商品 2,000
(返済不要資金) (返済不要資金)

問題6
買掛金 2,000 万円を支払いました。
(答) 買掛金 2,000 ／ 現金 2,000
(返済必要資金) (借金のお金)

問題7
商品 1,000 万円を掛けで仕入れました。
(答) 商品 1,000 ／ 買掛金 1,000
(返済不要資金) (返済必要資金)

問題8
商品 1,000 万円を 2,000 万円で掛売上げをしました。
(答) 売掛金 2,000 ／ 売上 2,000
(返済不要資金) (返済不要資金)

売上原価 1,000 商品 1,000
(返済不要資金) (返済不要資金)

問題9
給料 1,200 万円を現金で支払いました。
(答) 給料 1,200 ／ 現金 1,200
(返済不要資金) ／ (利益のお金)

（5）勘定科目とは

時点利益資金会計では、仕訳とは資金の移動を示すものであり、「現預金」は「利益のお金」と「借金のお金」に区分することができます。現預金以外の勘定科目は、現預金の増減の原因を示す勘定科目です。

原因とは、現預金の増減が「利益のお金」の増減なのか？　または「借金のお金」の増減なのか？　を示すもので、この原因の結果、すべての勘定科目は現預金の増減を表していることが分かるのです。

（6）財政状態（金回りの状態）とは

現行会計制度は「企業の財政状態を明らかにするために、貸借対照表を作成する」と企業会計原則で規定しています。しかし、財政状態の定義はどこにも書かれていません。

会計学辞典には、「企業の財政状態は投資家・銀行・税務署などの見る立場によって変わる」と書かれています。企業の財政状態は見る立場によって変わるものなのでしょうか？

見る立場で違う財政状態とはどういうことなのでしょう。

時点利益資金会計では、企業の金回りの状態を指して「財政状態」と定義しています。金回りの状態とは、すなわち企業の資金繰りの状態のことです。資金繰りが「利益のお金」で回っているのか？　それとも「借金のお金」で回っているのか？　それを見ることを「財政状態を診る」と言います。この財政状態は診る立場によって違うということはありません。

先に述べたように、お金を2つの色（性格）に区分しなければ企業の金回りの状態を診ることはできません。利益のお金で資金繰りができているのならいいのですが、借金のお金で回っている場合は、財政状態が良いとは言えないからです。

しかし、このような企業がすべて悪い財政状態にあると言っている訳ではありません。それは、企業は先行投資を行うことが常とされているため、借金が悪いとは一概に言えないからです。

必要なのは財政状態の分析です。今現在抱えている借金が善なのか、それとも悪なのかを見極めることが大切です。

（7）企業の資金繰りで重要なポイント

現在、多くの企業で行われている資金繰りは、現預金の入金予定額から出金予定額を控除して、資金ショートしないように計画することだと考えられています。

確かに、このような資金繰りの計画も必要です。

しかし、このような現行の資金繰り計画だけで本当に良いのでしょうか？　現行の資金繰り計画だけで、企業の財政状態は改善できるのでしょうか？

時点利益資金会計では、企業の資金繰りの結果がどういう状況だったのかを、すべての商取引の現預金以外の勘定科目から判断します。

すなわち、現預金以外の勘定科目は、現預金の増減の原因を示す勘定科目なので、その資金繰りの中身が診えるのです。資金繰りの中身、つまり金回りの中身とは、利益のお金と借金のお金がどのような状態で回っているのかを診るということです。

現行の会計制度では、「お金に色は付かない」という考えに基づき、損益計算と資金計算は別物であると認識されているため、企業の財政状態（金回り）の中身を診ることはできません。

しかし、時点利益資金会計では、「お金には利益のお金と借金のお金がある」と考えていますので、倒産防止管理表により企業の資金繰りの中身を確認することができるのです。また、お金の損益計算書により、借金のお金で、どの段階までの借金のお金が返済できている状況であるかを知ることができます。

これが、企業の資金繰り改善の重要なポイントになります。

（8）なぜ自計化が重要なのか？

今まで会計処理業務は「後処理の業務」だと考えられ、あまり重要視されないことが多かったように思います。その流れを信じて、会計事務所や記帳代行会社に月次試算表の作成を依頼し、でき上がるのが2カ月後や3カ月後でも当たり前だと思っている企業も多いのではないでしょうか？

このように月次試算表を外注に回している企業でも、資金繰り表は自社でつくらざるを得ないことを理解し、実践していらっしゃることでしょう。

しかし、この資金繰り表だけでは、資金繰りの改善にはつながらないと感じていませんか？

その理由は、企業の金回りの実態（金回りの中身）がこの資金繰り表では分からないからです。現行の資金繰り表は、単に「表面的にお金が足りているのか？」あるいは、「お金が不足するなら、いつごろ足りなくなるのか？」を知るためだけにつくられた表です。ですから、中身が見えなくて当然といえば当然な話です。

時点利益資金会計でいう資金繰り表の役割とは、表面的なお金の過不足を知るだけでは不十分だと考えています。

なぜなら、現行会計のような考え方で資金繰り表をつくっていては、企業を資金繰りの渦の中から解放することは難しいと考えるからです。

企業を資金繰りから解放するためには、倒産防止管理表により企業の財政状態の中身を明確に把握し改善しなくてはなりません。

企業の財政状態を改善するための倒産防止管理表を作成するためには、企業のすべての商取引を計上した月次試算表が必要です。

ということは、月次試算表を外に丸投げしていては財政状態を改善することはできないということです。月末〆後、１週間程度で月次試算表を作成するためには、自計化しなければ間に合いません。

財政状態の改善に向け、良い流れをつくり出すためには、まずそこから見直す必要があるということです。

現預金残高の求め方

（1）現行会計の現預金残高の求め方

現在の現預金残高は、現預金の入金から出金を控除して、その残高を求めています。つまり、現金出納帳や預金出納帳の記帳によって、現預金の残高を計算し求めているということです。

このように、現預金そのものの動きの入金から出金を時系列に加算減算して、現預金の残高を計算しているので、結果、原則として「現預金残高にはマイナスはあり得ない」と考えられています。確かに、現預金そのものの動きの入金から、出金を時系列に加算減算する方法では現預金残高がマイナスになることはあり得ません。

なぜなら、現預金がないときには出金ができないからです。

そんなときは、企業が日ごろ行っている資金繰りをして、どこからか現預金を調達してから出金をしていることは、みなさんのご存じのとおりです。

このように、現預金の動きを見て残高を計算しても、現預金そのものには色（性格）がありませんから、現預金残高の中身を確認することはできません。

この現行会計制度の現預金残高の求め方が、実は、企業の正確な財政状態を診断することができない大きな原因となっているのです。

(2) 時点利益資金会計の現預金残高の求め方

時点利益資金会計では、取引を商取引に限定し、仕訳は資金の移動を示すものであり、現預金以外の勘定科目は、現預金の増減の原因を示す勘定科目であるということは前述したとおりです。

お分かりになられるでしょうか？

時点利益資金会計における現預金の求め方を！

時点利益資金会計では、現預金には色（性格）を付けることができます。そして、その色は「利益のお金」と「借金のお金」に区分することができます。

しかし、この現預金の色は、現預金そのものを見ていても、見分けることはできません。現預金に色を付けるには、まず、自計化して企業の商取引のすべてを知る必要があります。

複式簿記は企業の全取引を二面性（原因と結果）で、左右同額の仕訳で整理します。

つまり、現預金の増減（結果）となったすべての相手勘定科目（原因）を知るということです。

現預金の増減の原因（色・性格）を示す勘定科目である「現預金以外の勘定科目」

を見て、現預金に色を付け、現預金残高を求めるのです。

色付けをしてから現預金を求めるので、結果として、現預金に色が付けられるというわけです。

お金（可視貨幣）の中身（不可視貨幣は利益のお金と借金のお金）の計算方法

お金そのものには色は付かないが、お金の中身には色が付くと述べてきましたが、その具体的な計算方法は次のとおりです。

お金（可視貨幣）の中身（不可視貨幣）の計算

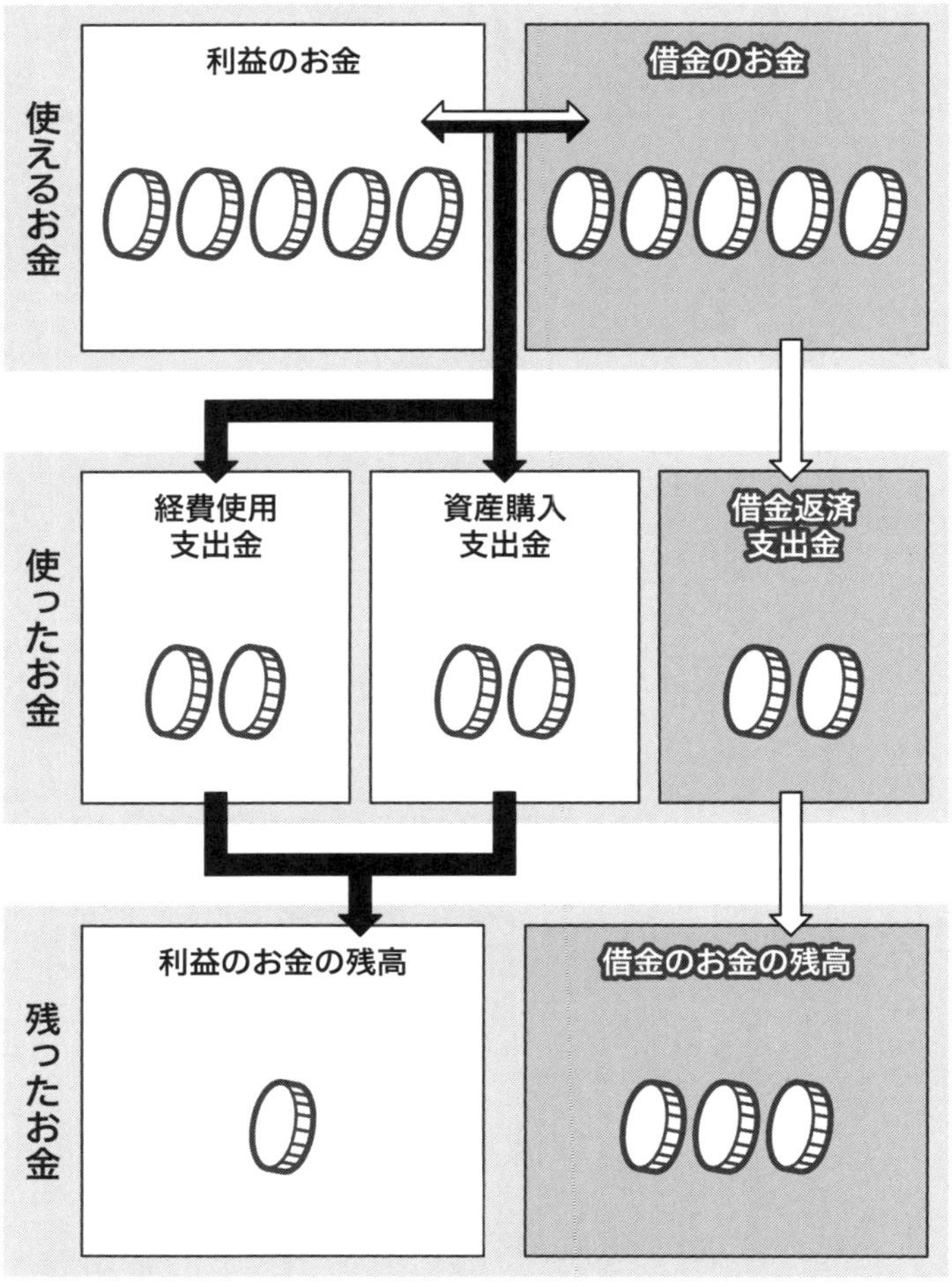

第5章

倒産防止管理表（利益資金管理表）とお金の損益計算書のつくり方

倒産防止管理表とは？

会社の正確な財政状態を把握するための表が、倒産防止管理表です。

昔から商売は金儲けだと言われていますが、この金儲けという場合のお金とは借金のお金ではなく儲けのお金、つまり利益のお金です。

倒産防止管理表とは、会社を創業して以来の金回りの状態（財政状態）がどのような状況になっているのかを分かりやすく表示し、現時点での会社の正確な財政状態を把握するための表です。会社の正確な財政状態を把握することにより、強固な財務構築に役立つ手を打つことが可能になります。

現行会計の損益計算書では毎期利益が出ているのに、なぜか資金繰りが厳しいという企業も多いのではないでしょうか？

このように損益計算書では利益が出ているのにもかかわらず、資金繰りが付かなくなって倒産してしまうことを現行会計制度では「黒字倒産」と呼んでいます。

一般的な認識では、本当に黒字であるならそう簡単に倒産するものではないし、利益があるなら使えるお金があると考えるのではないでしょうか。そのような疑問を持つ人に対して、会計専門家は、それは会計を知らない素人が思うことで、「それは間違っているんですよ」と言ってきました。

実は、以前の私がそうでした。しかし、間違えているのは会計専門家である私の考えが間違っていることに気付いたのです。その証拠として、辞書で利益を引くと「儲け」と書かれており、次に「儲け」を引くと「金銭上の利益」と書かれています。

このように一般的には「**利益＝利益のお金**」なのです。

一般的な認識と会計用語の認識はなぜこんなにも違うのでしょう？

時点利益資金会計はこのような疑問に納得のいく説明をすることができます。

倒産防止管理表のつくり方

倒産防止管理表は、現行会計制度で求めた損益計算書と貸借対照表および株主資本等変動計算書から、資金の移動しない商取引以外の取引、例えば減価償却費・各種引当金・各種評価損益などを除外して、資金移動のある商取引のみを抽出して作成するものです。このように、すべての取引を商取引に限定することで、創業以来の利益のお金と借金のお金を把握することができます。その結果、

「創業以来、我が社は利益のお金をいくら稼ぐことができたのか？」

「その利益のお金や借金のお金をどこにいくら投資したのか？」

「今現在、利益のお金をいくら残せているのか、いくら不足しているのか？」

ということを正確に知ることができるのです。

企業の正確な財政状態、つまり、金回りの状態を把握することは、企業の財務強化

につながります。すなわち、倒産防止管理表の作成は、財務の強化とラクな資金繰りに直結する重要なものだということです。

（1）返済不要資金調達の部

返済不要資金調達の部には、利益のお金である繰越損益等と当期損益に区分されます。そして、繰越損益等の区分欄には、現行会計制度での商取引以外の勘定科目の取消しをするための勘定科目と前期以前からの繰越損益の勘定科目を入れ、当期損益の区分欄には、現行会計制度で計算された損益計算書の勘定科目をそのまま入れます。これにより、商取引のみによる利益のお金が計算されます。

具体的な勘定科目は次のものがあります。

①繰越損益などの調達勘定科目には、次のものがあります。

資本金等の額、前受収益、引当金勘定、減価償却累計額、繰延税金負債、利益準

備金、任意積立金、別途積立金、繰越損益……など。

②繰越損益などの運用勘定科目には、次のものがあります。

前払費用、長期前払費用、貯蔵品、繰延資産、繰延税金資産、配当金……など。

③当期損益の調達勘定科目には、次のものがあります。

売上高、その他収入、営業収益、特別利益……など。

④当期損益の運用勘定科目には、次のものがあります。

売上原価、販売費、一般管理費、営業外費用、特別損失、法人税……など。

（2）返済不要資金運用の部

返済不要資金運用の部には、運転資金と固定資金および流動資金に区分されます。

そして、各区分欄の具体的勘定科目は次のものがあります。

（運転資金の運用）

①運転資金の運用勘定科目としては、次のものがあります。

受取手形、売掛金、△前受金、未収入金など。

（固定資金の運用）

①固定資金の運用勘定科目としては、次のものがあります。

建物、建物付属設備、車両運搬具、什器備品、リース資産、保証金、敷金、投資有価証券、保険積立金など。

（流動資金の運用）

①流動資金の運用勘定科目としては、次のものがあります。

短期貸付金、有価証券、預け金、前払金、仮払金、未収消費税など。

（3）返済必要資金調達の部

返済必要資金調達の部には、運転資金と固定資金および流動資金に区分されます。そして、各区分欄の具体的勘定科目は次のものがあります。

（運転資金の調達）

① 運転資金の調達勘定科目としては、次のものがあります。

支払手形、買掛金、△前渡金、未払金、未払費用など。

（運転資金補填額の調達）

① 運転資金補填額の調達勘定科目としては、次のものがあります。

短期借入金、割引手形など。

（固定資金の調達）

①　固定資金の調達勘定科目としては、次のものがあります。

社債、長期借入金、預かり保証金、設備等支払手形、リース未払金、設備未払金など。

（流動資金の調達）

①　流動資金の調達勘定科目としては、次のものがあります。

仮受消費税、△仮払消費税、預り金、仮受金、未払法人税等など。

（4）倒産防止管理表作成の具体例

次頁より例題で説明します。

【例題】

次の取引を仕訳し、倒産防止管理表を作ってください。

①資本金 10,000 千円で会社を設立しました。
現金 10,000 ／ 資本金 10,000
（利益のお金）　（返済不要資金）

②借入れ 5,000 千円をしました。
現金 5,000 ／ 長期借入金 5,000
（借金のお金）　（返済必要資金）

③内装設備 10,000 千円を支払いました。
設備 10,000 ／ 現金 10,000
（返済不要資金）　（利益のお金）

④商品 10,000 千円を掛けで仕入れました。
商品 10,000 ／ 買掛金 10,000
（返済不要資金）　（返済必要資金）

⑤商品 10,000 千円を 18,000 千円で現金売上げしました。
現金 18,000 ／ 売上 18,000
（利益のお金）　（返済不要資金）
売上原価 10,000 ／ 商品 10,000
（返済不要資金）　（返済不要資金）

⑥商品 20,000 千円を掛けで仕入れました。
商品 20,000 ／ 買掛金 20,000
（返済不要資金）　（返済必要資金）

⑦商品 10,000 千円を 18,000 千円で掛け売上げしました。
売掛金 18,000 ／ 売上 18,000
（返済不要資金）　（返済不要資金）
売上原価 10,000 ／ 商品 10,000
（返済不要資金）　（返済不要資金）

⑧給料 12,000 千円を現金で支払いました。
給料 12,000 ／ 現金 12,000
（返済不要資金）　（利益のお金）

⑨電話代 30 千円が発生しました。
通信費 30 ／ 未払金 30
（返済不要資金）　（返済必要資金）

⑩電気代 35 千円が発生しました。
水道光熱費 35 ／ 未払金 35
（返済不要資金）　（返済必要資金）

⑪売掛金 10,000 千円が現金で入金しました。
現金 10,000 ／ 売掛金 10,000
（利益のお金）　（返済不要資金）

⑫掛け仕入代金 10,000 千円が現金で支払いました。
買掛金 10,000 ／ 現金 10,000
（返済必要資金）　（借金のお金）

⑬電話代の未払分 30 千円が現金で支払いました。
未払金 30 ／ 現金 30
（返済必要資金）　（借金のお金）

商品			
④	10000	⑤	10000
⑥	20000	⑦	10000
		残高	10000
合計	30000	合計	30000

現金			
①	10000	③	10000
②	5000	⑧	12000
⑤	18000	⑫	10000
⑪	10000	⑬	30
		残高	10970
合計	43000	合計	43000

設備			
③	10000		
		残高	10000
合計	10000	合計	10000

売掛金			
⑦	18000	⑪	10000
		残高	8000
合計	18000	合計	18000

買掛金			
⑫	10000	④	10000
		⑥	20000
残高	20000		
合計	30000	合計	30000

未払金			
⑬	30	⑨	30
		⑩	35
残高	35		
合計	65	合計	65

長期借入金			
		②	5000
残高	5000		
合計	5000	合計	5000

資本金			
		①	10000
残高	10000		
合計	10000	合計	10000

売上原価			
⑤	10000		
⑦	10000		
		損益	20000
合計	20000	合計	20000

売上			
		⑤	18000
		⑦	18000
残高	36000		
合計	36000	合計	36000

通信費			
⑨	30		
		残高	30
合計	30	合計	30

給料			
⑧	12000		
		損益	12000
合計	12000	合計	12000

水道光熱費			
⑩	35		
		損益	35
合計	35	合計	35

倒産防止管理表

現預金残高				
	【返済不要資金調達の部】			
	〔繰越損益等〕			
			資本金等の額	10,000
			引当金勘定	
			減価償却累計額	
			繰越損益	
			(繰越損益等)	0
	(当期損益)			
	売上原価	20,000	売上高	36,000
	給料	12,000	その他収入	
	通信費	30	営業外収益	
	水道光熱費	35	特別利益	
			(当期利益)	3,935
	運用額計	32,065	調達額計	46,000
13,935	創業以来の利益のお金の稼ぎ高			

	【返済不必要資金運用の部】		【返済必要資金調達の部】	
	〔運転資金〕			
	売掛金	8,000	売掛金	20,000
			未払金	35
12,035	小計	8,000	小計	20,035
-10,000	棚卸資産	10,000		
2,035	運用額計	18,000	調達額計	20,035
	営業資金計	-4,065	純営業資金計	
	運転資金補填額		短期借入金	
			割引手形	
0			調達額計	0
15,970	修正営業資金計			
	〔固定資金〕			
	固定資産	10,000	社債	
	有形固定資産	10,000	長期借入金	5,000
	建物		代表者借入金	
	設備	10,000	預かり保証金	
	その他資産		小計	5,000
-5,000	運用額計	10,000	調達額計	5,000
	経営安定資金計	-14,065	純経営安定資金計	
	〔流動資金〕			
	短期貸付金		仮受(未払)消費税	
	有価証券		△仮払消費税	
	立替金		計	0
	前払金		預り金	
	未収消費税等		未払法人税等	
	その他		その他	
0	運用額計	0	調達額計	0
-2,965	返済不要資金運用合計	28,000	返済必要資金調達合計	25,035

10,970	手元現預金残高	-14,065	利益のお金の残高	
		25,035	借金のお金の残高	

	投資物件時価評価額
-14,065	投資物件処分後利益資金

提供：Copyright2024. Tamotsu Inagaki 利益資金会計研究所

お金の損益計算書とは？

現在の現預金残高で、いつの返済時期の借金まで返済可能かを把握するための表が、お金の損益計算書です。

お金の損益計算書は、非上場会社で現預金残高より借金のお金の残高が多い会社が作成して、財政状態（金回りの状態）の改善状況を把握するための計算書です。

現在、多くの企業で行われている資金繰りは、現預金の入金予定額から出金予定額を控除して、資金ショートしないように計画することだと考えられています。

この現行の資金繰り計画だけで、企業の財政状態は改善できるのでしょうか？

時点利益資金会計では、企業の資金繰りの結果がどういう状況だったのかを、すべての商取引の現預金以外の勘定科目から判断します。

そして、資金繰りの中身、つまり金回りの中身が、利益のお金と借金のお金で、どのような状態で回っているのかを診ることができます。

倒産防止管理表により企業の資金繰りの中身を確認することができるのです。

また、お金の損益計算書により、借金のお金で、いつの段階までの借金のお金が返済できる状況にあるかを知ることができます。

これにより、企業の資金繰りの実態を把握して、改善点が分かります。

お金の損益計算書のつくり方

まずは参考として、現行会計上の損益を記載し、次に月末の現預金残高に売掛金入金予想額と即現金化可能予想額を加算した合計額から、1カ月後までの返済必要資金である買掛金・未払金や短期借入金の支払予定額を控除して、月末の本当の損益金残高を求めます。

この本当の損益金残高がプラスであれば、利益のお金を稼いだ結果として、借金のお金が現預金残高に浮き上がることになり、この借金のお金で、買掛金等が支払えることになっているということです。

この方法で、消費税や預り金等の支払予定額を控除して、この本当の損益金残高がプラスであれば、同様に、この借金のお金で、消費税や預り金等が支払えることになるということです。

次に、長期借入金等の1カ月分の支払予定額を控除して、この本当の損益金残高がプラスであれば、同様に、この借金のお金で、長期借入金等の1カ月分が支払えることになります。そして、この段階までの本当の損益金残高がプラスなら、その金額を長期借入金等の1カ月分の支払予定額で除した月数までの資金繰りが確保できていることになります。

そして、この本当の損益金残高がプラスの時点までは資金繰りが確保されていることとなり、マイナスになった時点以降の資金繰りは、その後の利益のお金の確保状況によることとなります。

次に、お金の損益計算書の例示は次のとおりです。

お金の損益計算書

ABC商事　　　　令和6年3月現在

1 会計上の損益(現行会計上のルールに基づいた損益)

	会計上の損益
R 5/4月からR 6/3月分の損益	5,907,400
創業以来R6/3月分までの利益剰余金	26,325,444

2 本当の損益のお金(創業以来稼いで残っている損益のお金)

現預金残高 － 返済必要資金 ＝ 本当の損益金残高

(1)	現預金残高	(21,940,031)				
	売掛金入金予想額	8,396,550		買掛金支払予定額	6,149,687	
	即現金化可能予想額	0		未払金支払予定額	7,636,171	
				短期借入金返済予定額	0	
(2)	合計	(30,336,581)	－		13,785,858	＝(16,550,723)
				仮受消費税額	9,922,933	
				△仮払消費税額	-6,590,835	
(3)	合計	(30,336,581)	－		17,117,956	＝(13,218,625)
				預り金	1,294,577	
				未払法人税等	201,300	
(4)	合計	(30,336,581)	－		18,613,833	＝(11,722,748)
				長期借入金1カ月分返済額	340,000	
				長期未払金1カ月分返済額	94,474	
				小計	434,474	
(5)	合計	(30,336,581)	－		19,048,307	＝(11,288,274)
				現在利益金での返済可能月数　27カ月		
				長期借入金残高	39,100,000	
				長期未払金残高	4,084,734	
				小計	43,184,734	
(6)	合計	(30,336,581)	－		61,798,564	＝(-31,461,986)

提供:Copyright2024.Tamotsu Inagaki 利益資金会計研究所

（※1）

任天堂が創業以来令和６年3月31日までに稼いだ利益のお金は23,229億円です。


（※2）

運転資金の調達額計を2,158億円し、運用額計が850億円したので、運転資金は1,308億円となり、営業資金計としては24,537億円となります。


（※3）

短期借入金0億円なので、修正営業資金計が24,537億円となります。


（※4）

この修正営業資金計に、固定資金の調達額計430億円の合計から固定資金の運用額計2,675億円をしたので経営安定資金計として22,292億円が残ります。


（※5）

この経営安定資金計22,292億円に流動資金の調達計945億円の合計から運用額計8,394億円をしたので、手元現預金残高は14,843億円となります。


（※6）

創業以来の利益のお金の稼ぎ高23,229億円から返済不要資金運用合計11,919億円を投資したので、利益のお金の残高が11,310億円が残っている財政状態です。


（※7）

投資物件時価評価額とは、いつでも売却可能な資産の売却時の予想手取額をいいます。

倒産防止管理表

任天堂　　令和6年3月31日現在　　単位：億円

	現預金残高	項目	金額	項目	金額	
		【返済不要資金調達の部】				
		（繰越損益等）				
				資本金等の額	264	
		前払費用		前受収益		
		長期前払費用		引当金勘定	285	
		貯蔵品		利益準備金		
		繰延資産		別途積立金		
		回収不能債権		減価償却累計額		
		繰延税金資産	1,079	繰延税金負債		
		仮払税金		資産除去債務		
		自己株式	2,710	繰越損益	21,563	
		固定資産除却		（繰越損益等）	18,059	
		（当期損益）				
	42.92%	売上原価	7,175	売上高	16,718	
		販売費一般管理費	4,254	その他収入		
		営業外費用	5	営業外収益	1,521	
		特別損失	4	特別利益	6	
		法人税及び住民税	1,901	（当期利益）	4,906	
	22,965	運用額計	13,339	調達額計	36,568	
（※1）	23,229	創業以来の利益のお金の稼ぎ高				
	194.89%	（投資資金回収率=累積利益金/返済不要資金運用合計）				
		【返済不必要資金運用の部】		【返済必要資金調達の部】		
		（運転資金）				
		受取手形		支払手形		
		売掛金	936	買掛金	581	
	1,290	△前受金	-1,645	△前渡金		
		未収入金		未払金		
		未収収益		未払費用		
		その他		その他	1,577	
	2,867	小計	-709	小計	2,158	
	-1,559	棚卸資産	1,559			
	1,308	運用額計	850	調達額計	2,158	
（※2）	24,537	営業資金計	22,379	純営業資金計		
		運転資金補填額		短期借入金		
				割引手形		
	0			調達額計	0	
（※3）	24,537	修正営業資金計				
		（固定資金）				
		固定資産	2,675	社債		
		有形固定資産	1,085	長期借入金		
		建物	526	代表者借入金		
		設備		預かり保証金		
		構築物		長期未払金		
		機械装置	18	リース未払金		
		備品	59	その他固定負債	430	
		土地	428			
		建設仮勘定	54			
		無形固定資産	164			
		投資等	1,426			
		リース資産				
		繰延資産		小計	430	
	-2,245	運用額計	2,675	調達額計	430	
（※4）	22,292	経営安定資金計	19,704	純経営安定資金計		
		（流動資金）				
		短期貸付金		仮受（未払）消費税		
		有価証券	7,683	△仮払消費税		
		立替金		計	0	
		仮払金		従業員預り金		
		前払金		預り金		
		未収消費税等		未払法人税等	945	
		その他	711	その他		
	-7,449	運用額計	8,394	調達額計	945	
	-8,386	返済不要資金運用合計	11,919	返済必要資金調達合計	3,533	
（※5）	14,843	手元現預金残高	11,310	利益のお金の残高		（※6）
			3,533	借金のお金の残高		
				投資物件時価評価額		（※7）
			11,310	投資物件処分後利益資金		

提供：Copyright2024. Tamotsu Inagaki 利益資金会計研究所

(※1)
キーエンスが創業以来令和６年3月20日までに稼いだ利益のお金は28,517億円です。

(※2)
運転資金の調達額計を　572億円し、運用額計が3,851億円したので、運転資金は△3,279億円となり、営業資金計としては25,238億円となります。

(※3)
短期借入金0億円なので、修正営業資金計が25,238億円となります。

(※4)
この修正営業資金計に、固定資金の調達額計132億円の合計から固定資金の運用額計14,602億円をしたので経営安定資金計として10,768億円が残ります。

(※5)
この経営安定資金計10,768億円に流動資金の調達計712億円の合計から運用額計6,277億円をしたので、手元現預金残高は5,203億円となります。

(※6)
創業以来の利益のお金の稼ぎ高28,517億円から返済不要資金運用合計24,730億円を投資したので、利益のお金の残高が3,787億円が残っている財政状態です。

(※7)
投資物件時価評価額とは、いつでも売却可能な資産の売却時の予想手取額をいいます。

倒産防止管理表

キーエンス

令和6年3月20日現在

単位:億円

		【返済不要資金調達の部】			
	現預金残高	(繰越損益等)			
				資本金等の額	612
		前払費用		前受収益	
		長期前払費用		引当金勘定	285
		貯蔵品		利益準備金	
		繰延資産		別途積立金	
		回収不能債権		減価償却累計額	
		繰延税金資産	95	繰延税金負債	
		仮払税金		資産除去債務	
		自己株式	38	繰越損益	21,563
		固定資産除却		(繰越損益等)	18,059
		(当期損益)			
	17.03%	売上原価	1,647	売上高	9,672
		販売費一般管理費	3,075	その他収入	
		営業外費用	7	営業外収益	249
		特別損失		特別利益	
		法人税及び住民税	1,496	(当期利益)	3,696
	27,905	運用額計	6,225	調達額計	34,742
(※1)	28,517	創業以来の利益のお金の稼ぎ高			
	115.31%	(投資資金回収率=累積利益金/返済不要資金運用合計)			
		【返済不必要資金運用の部】		【返済必要資金調達の部】	
		(運転資金)			
		受取手形		支払手形	
		売掛金	3,075	買掛金	137
	-2,938	△前受金		△前渡金	
		未収入金		未払金	
		未収収益		未払費用	
		その他		その他	435
	-2,503	小計	3,075	小計	572
	-776	棚卸資産	776		
	-3,279	運用額計	3,851	調達額計	572
(※2)	25,238	営業資金計	24,666	純営業資金計	
		運転資金補填額		短期借入金	
				割引手形	
	0			調達額計	0
(※3)	25,238	修正営業資金計			
		(固定資金)			
		固定資産	14,602	社債	
		有形固定資産	1,607	長期借入金	
		建物	299	代表者借入金	
		設備		預かり保証金	
		構築物		長期未払金	
		機械装置		リース未払金	
		備品	618	その他固定負債	132
		土地	357		
		その他	333		
		無形固定資産	48		
		投資等	12,947		
		リース資産			
		繰延資産		小計	132
	-14,470	運用額計	14,602	調達額計	132
(※4)	10,768	経営安定資金計	10,064	純経営安定資金計	
		(流動資金)			
		短期貸付金		仮受(未払)消費税	
		有価証券	6,124	△仮払消費税	
		立替金		計	0
		仮払金		従業員預り金	
		前払金		預り金	
		未収消費税等		未払法人税等	712
		その他	153	その他	
	-5,565	運用額計	6,277	調達額計	712
	-23,314	返済不要資金運用合計	24,730	返済必要資金調達合計	1,416
(※5)	5,203	手元現預金残高	3,787	利益のお金の残高	(※6)
			1,416	借金のお金の残高	
				投資物件時価評価額	(※7)
			3,787	投資物件処分後利益資金	

(※1)

トヨタ自動車が創業以来令和６年3月31日までに稼いだ利益のお金は534,691億円です。


(※2)

運転資金の調達額計を88,151億円し、運用額計が194,519億円したので、運転資金は△106,368億円となり、営業資金計としては428,323億円となります。


(※3)

短期借入金154,063億円なので、修正営業資金計が582,386億円となります。


(※4)

この修正営業資金計に、固定資金の調達額計223,994億円の合計から固定資金の運用額計684,958億円をしたので経営安定資金計として121,422億円が残ります。


(※5)

この経営安定資金計121,422億円に流動資金の調達計31,200億円の合計から運用額計58,502億円をしたので、手元現預金残高は94,120億円となります。


(※6)

創業以来の利益のお金の稼ぎ高534,691億円から返済不要資金運用合計937,979億円を投資したので、利益のお金の残高が△403,288億円が残っている財政状態です。


(※7)

投資物件時価評価額とは、いつでも売却可能な資産の売却時の予想手取額をいいます。

倒産防止管理表

トヨタ自動車　　令和6年3月31日現在　　単位:億円

	【返済不要資金調達の部】				
	現預金残高	(繰越損益等)			
				資本金等の額	19,072
		前払費用		前受収益	
		長期前払費用		引当金勘定	29,142
		貯蔵品		利益準備金	
		繰延資産		別途積立金	
		回収不能債権		減価償却累計額	181,019
		繰延税金資産	5,022	繰延税金負債	22,196
		仮払税金		資産除去債務	
		自己株式	39,669	繰越損益	277,239
		固定資産除却		(繰越損益等)	464,905
		(当期損益)			
	74.51%	売上原価	336,006	売上高	450,953
		販売費一般管理費	61,417	その他収入	
		営業外費用	1,037	営業外収益	7,472
		特別損失		特別利益	9,686
		法人税及び住民税	18,937	(当期利益)	50,714
	515,619	運用額計	417,397	調達額計	952,088
(※1)	534,691	創業以来の利益のお金の稼ぎ高			
	57.00%	(投資資金回収率=累積利益金/返済不要資金運用合計)			
		【返済不必要資金運用の部】		【返済必要資金調達の部】	
		(運転資金)			
		受取手形		支払手形	
		売掛金	148,466	買掛金	52,513
	-95,953	△前受金		△前渡金	
		未収入金		未払金	
		未収収益		未払費用	18,637
		その他		その他	17,001
	-60,315	小計	148,466	小計	88,151
	-46,053	棚卸資産	46,053		
	-106,368	運用額計	194,519	調達額計	88,151
(※2)	428,323	営業資金計	340,172	純営業資金計	
		運転資金補填額		短期借入金	154,063
				割引手形	
	154,063			調達額計	154,063
(※3)	582,386	修正営業資金計			
		(固定資金)			
		固定資産	669,489	社債	
		有形固定資産	323,596	長期借入金	211,555
		建物	58,847	代表者借入金	
		設備		預かり保証金	
		構築物		長期未払金	4,958
		機械装置	164,690	リース未払金	
		賃貸用車両・器具	75,239	その他固定負債	7,481
		土地	14,418		
		建設仮勘定	10,402		
		無形固定資産	13,553		
		投資等	332,340		
		使用権資産	5,328		
		その他資産	10,141	小計	223,994
	-460,964	運用額計	684,958	調達額計	223,994
(※4)	121,422	経営安定資金計	-344,786	純経営安定資金計	
		(流動資金)			
		短期貸付金		仮受(未払)消費税	
		有価証券	47,022	△仮払消費税	
		立替金		計	0
		仮払金		従業員預り金	
		前払金		預り金	
		未収消費税等	1,169	未払法人税等	12,245
		その他	10,311	その他	18,955
	-27,302	運用額計	58,502	調達額計	31,200
	-440,571	返済不要資金運用合計	937,979	返済必要資金調達合計	497,408
(※5)	94,120	手元現預金残高	-403,288	利益のお金の残高	(※6)
			497,408	借金のお金の残高	
				投資物件時価評価額	(※7)
			-403,288	投資物件処分後利益資金	

提供: Copyright2024. Tamotsu Inagaki 利益資金会計研究所

（※1）

日産自動車が創業以来令和６年3月31日までに稼いだ利益のお金は67,418億円です。


（※2）

運転資金の調達額計を33,483億円し、運用額計が101,091億円したので、運転資金は△67,608億円となり、営業資金計としては△190億円となります。


（※3）

短期借入金9,405億円なので、修正営業資金計が9,215億円となります。


（※4）

この修正営業資金計に、固定資金の調達額計73,994億円の合計から固定資金の運用額計64,101億円をしたので経営安定資金計として19,108億円が残ります。


（※5）

この経営安定資金計19,108億円に流動資金の調達計10,178億円の合計から運用額計10,322億円をしたので、手元現預金残高は18,964億円となります。


（※6）

創業以来の利益のお金の稼ぎ高67,418億円から返済不要資金運用合計175,514億円を投資したので、利益のお金の残高が△108,096億円が残っている財政状態です。


（※7）

投資物件時価評価額とは、いつでも売却可能な資産の売却時の予想手取額をいいます。

倒産防止管理表

日産自動車　　令和6年3月31日現在　　単位：億円

		【返済不要資金調達の部】			
	現預金残高	（繰越損益等）			
				資本金等の額	19,208
		前払費用		前受収益	
		長期前払費用		引当金勘定	5,733
		貯蔵品		利益準備金	
		繰延資産	45	別途積立金	
		回収不能債権		減価償却累計額	
		繰延税金資産	1,884	繰延税金負債	2,665
		仮払税金		資産除去債務	
		自己株式	1,113	繰越損益	38,359
		固定資産除却		（繰越損益等）	43,715
		（当期損益）			
	83.71%	売上原価	106,188	売上高	126,857
		販売費一般管理費	14,982	その他収入	
		営業外費用	1,865	営業外収益	3,199
		特別損失	1,303	特別利益	274
		法人税及び住民税	1,497	（当期利益）	4,495
	48,210	運用額計	125,835	調達額計	193,253
(※1)	67,418	創業以来の利益のお金の稼ぎ高			
	38.41%	（投資資金回収率=累積利益金/返済不要資金運用合計）			
		【返済不必要資金運用の部】		【返済必要資金調達の部】	
		（運転資金）			
		受取手形		支払手形	
		売掛金	80,535	買掛金	22,292
	-58,243	△前受金		△前渡金	
		未収入金		未払金	
		未収収益		未払費用	11,191
		その他		その他	
	-47,052	小計	80,535	小計	33,483
	-20,556	棚卸資産	20,556		
	-67,608	運用額計	101,091	調達額計	33,483
(※2)	-190	営業資金計	-33,673	純営業資金計	
		運転資金補填額		短期借入金	9,405
				割引手形	
	9,405			調達額計	9,405
(※3)	9,215	修正営業資金計			
		（固定資金）			
		固定資産	60,719	社債	25,902
		有形固定資産	44,251	長期借入金	41,433
		建物	6,544	代表者借入金	
		設備		預かり保証金	
		構築物		長期未払金	
		機械装置	29,398	リース未払金	1,372
		賃貸用車両・器具		その他固定負債	5,287
		土地	5,838		
		建設仮勘定	2,471		
		無形固定資産	1,864		
		投資等	14,604		
		使用権資産			
		その他資産	3,382	小計	73,994
	9,893	運用額計	64,101	調達額計	73,994
(※4)	19,108	経営安定資金計	-97,774	純経営安定資金計	
		（流動資金）			
		短期貸付金		仮受（未払）消費税	
		有価証券	2,357	△仮払消費税	
		立替金		計	0
		仮払金		従業員預り金	
		前払金		預り金	
		未収消費税等		未払法人税等	
		その他	7,965	その他	10,178
	-144	運用額計	10,322	調達額計	10,178
	-48,454	返済不要資金運用合計	175,514	返済必要資金調達合計	127,060
(※5)	18,964	手元現預金残高	-108,096	利益のお金の残高	(※6)
			127,060	借金のお金の残高	
				投資物件時価評価額	(※7)
			-108,096	投資物件処分後利益資金	

（※1）

NTTが創業以来令和６年3月31日までに稼いだ利益のお金は107,920億円です。


（※2）

運転資金の調達額計を44,508億円し、運用額計が53,411億円したので、運転資金は△8,903億円となり、営業資金計としては99,017億円となります。


（※3）

短期借入金25,429億円なので、修正営業資金計が124,446億円となります。


（※4）

この修正営業資金計に、固定資金の調達額計87,101億円の合計から固定資金の運用額計198,002億円をしたので経営安定資金計として13,545億円が残ります。


（※5）

この経営安定資金計13,545億円に流動資金の調達計16,281億円の合計から運用額計19,998億円をしたので、手元現預金残高は9,828億円となります。


（※6）

創業以来の利益のお金の稼ぎ高107,920億円から返済不要資金運用合計271,411億円を投資したので、利益のお金の残高が△163,491億円が残っている財政状態です。


（※7）

投資物件時価評価額とは、いつでも売却可能な資産の売却時の予想手取額をいいます。

倒産防止管理表

NTT　令和6年3月31日現在　単位：億円

	【返済不要資金調達の部】				
	現預金残高	（繰越損益等）			
				資本金等の額	19,868
		前払費用		前受収益	
		長期前払費用		引当金勘定	11,564
		貯蔵品		利益準備金	
		繰延資産		別途積立金	
		回収不能債権		減価償却累計額	
		繰延税金資産	7,142	繰延税金負債	2,223
		仮払税金		資産除去債務	
		自己株式	9,373	繰越損益	77,329
		固定資産除却		（繰越損益等）	74,601
		（当期損益）			
	0.00%	売上原価		売上高	133,745
		販売費一般管理費	114,516	その他収入	
		営業外費用	1,305	営業外収益	1,638
		特別損失		特別利益	242
		法人税及び住民税	6,353	（当期利益）	13,451
	88,052	運用額計	122,174	調達額計	230,094
（※1）	107,920	創業以来の利益のお金の稼ぎ高			
	39.76%	（投資資金回収率=累積利益金/返済不要資金運用合計）			
		【返済不必要資金運用の部】		【返済必要資金調達の部】	
		（運転資金）			
		受取手形		支払手形	
		売掛金	48,169	買掛金	29,409
	-18,760	△前受金		△前渡金	
		未収入金		未払金	8,950
		未収収益		未払費用	6,149
		その他		その他	
	-3,661	小計	48,169	小計	44,508
	-5,242	棚卸資産	5,242		
	-8,903	運用額計	53,411	調達額計	44,508
（※2）	99,017	営業資金計	54,509	純営業資金計	
		運転資金補填額		短期借入金	25,429
				割引手形	
	25,429			調達額計	25,429
（※3）	124,446	修正営業資金計			
		（固定資金）			
		固定資産	178,337	社債	
		有形固定資産	104,219	長期借入金	70,480
		建物	104,219	代表者借入金	
		設備		預かり保証金	
		構築物		長期未払金	1,627
		機械装置		リース未払金	11,229
		賃貸用車両・器具		その他固定負債	3,765
		土地			
		建設仮勘定			
		無形固定資産	42,095		
		投資等	32,023		
		使用権資産	9,149		
		その他資産	10,516	小計	87,101
	-110,901	運用額計	198,002	調達額計	87,101
（※4）	13,545	経営安定資金計	-143,493	純経営安定資金計	
		（流動資金）			
		短期貸付金		仮受（未払）消費税	
		有価証券	9,722	△仮払消費税	
		立替金		計	0
		仮払金		従業員預り金	
		前払金		預り金	
		未収消費税等		未払法人税等	3,548
		その他	10,276	その他	12,733
	-3,717	運用額計	19,998	調達額計	16,281
	-98,092	返済不要資金運用合計	271,411	返済必要資金調達合計	173,319
（※5）	9,828	手元現預金残高	-163,491	利益のお金の残高	（※6）
			173,319	借金のお金の残高	
				投資物件時価評価額	（※7）
			-163,491	投資物件処分後利益資金	

提供：Copyright2024. Tamotsu Inagaki 利益資金会計研究所

(※1)

KDDIが創業以来令和６年3月31日までに稼いだ利益のお金は59,730億円です。


(※2)

運転資金の調達額計を49,213億円し、運用額計が27,934億円したので、運転資金は21,279億円となり、営業資金計としては81,009億円となります。


(※3)

短期借入金4,070億円なので、修正営業資金計が85,079億円となります。


(※4)

この修正営業資金計に、固定資金の調達額計22,037億円の合計から固定資金の運用額計97,526億円をしたので経営安定資金計として9,590億円が残ります。


(※5)

この経営安定資金計9,590億円に流動資金の調達計4,993億円の合計から運用額計5,711億円をしたので、手元現預金残高は8,872億円となります。


(※6)

創業以来の利益のお金の稼ぎ高59,730億円から返済不要資金運用合計131,171億円を投資したので、利益のお金の残高が△71,441億円が残っている財政状態です。


(※7)

投資物件時価評価額とは、いつでも売却可能な資産の売却時の予想手取額をいいます。

倒 産 防 止 管 理 表

KDDI　　令和6年3月31日現在　　単位：億円

	現預金残高				
		【返済不要資金調達の部】			
		〔繰越損益等〕			
				資本金等の額	9,963
		前払費用		前受収益	
		長期前払費用		引当金勘定	815
		貯蔵品		利益準備金	
		繰延資産		別途積立金	
		回収不能債権		減価償却累計額	
		繰延税金資産	179	繰延税金負債	2,357
		仮払税金		資産除去債務	
		自己株式	8,451	繰越損益	48,664
		固定資産除却		（繰越損益等）	43,206
		〔当期損益〕			
	57.76%	売上原価	33,235	売上高	57,540
		販売費一般管理費	15,036	その他収入	347
		営業外費用	102	営業外収益	219
		特別損失		特別利益	194
		法人税及び住民税	3,366	（当期利益）	6,561
	49,767	運用額計	51,739	調達額計	111,469
(※1)	59,730	創業以来の利益のお金の稼ぎ高			
	45.54%	(投資資金回収率=累積利益金/返済不要資金運用合計)			
		【返済不必要資金運用の部】		【返済必要資金調達の部】	
		〔運転資金〕			
		受取手形		支払手形	
		売掛金	27,021	買掛金	8,991
	-18,030	△前受金		△前渡金	
		未収入金		未払金	77
		未収収益		未払費用	
		その他		その他	40,145
	22,192	小計	27,021	小計	49,213
	-913	棚卸資産	913		
	21,279	運用額計	27,934	調達額計	49,213
(※2)	81,009	営業資金計	31,796	純営業資金計	
		運転資金補填額		短期借入金	4,070
				割引手形	
	4,070			調達額計	4,070
(※3)	85,079	修正営業資金計			
		〔固定資金〕			
		固定資産	86,056	社債	15,773
		有形固定資産	27,869	長期借入金	
		建物	27,869	代表者借入金	
		設備		預かり保証金	
		構築物		長期未払金	1,036
		機械装置		リース未払金	4,100
		賃貸用車両・器具		その他固定負債	1,128
		土地			
		建設仮勘定			
		無形固定資産	16,308		
		投資等	41,879		
		使用権資産	4,251		
		その他資産	7,219	小計	22,037
	-75,489	運用額計	97,526	調達額計	22,037
(※4)	9,590	経営安定資金計	-65,730	純経営安定資金計	
		〔流動資金〕			
		短期貸付金		仮受（未払）消費税	
		有価証券	4,265	△仮払消費税	
		立替金		計	0
		仮払金		従業員預り金	
		前払金		預り金	
		未収消費税等	24	未払法人税等	1,611
		その他	1,422	その他	3,382
	-718	運用額計	5,711	調達額計	4,993
	-50,858	返済不要資金運用合計	131,171	返済必要資金調達合計	80,313
(※5)	8,872	手元現預金残高	-71,441	利益のお金の残高	(※6)
			80,313	借金のお金の残高	
				投資物件時価評価額	(※7)
			-71,441	投資物件処分後利益資金	

提供：Copyright2024. Tamotsu Inagaki 利益資金会計研究所

（※1）

JALが創業以来令和６年3月31日までに稼いだ利益のお金は8,135億円です。


（※2）

運転資金の調達額計を5,739億円し、運用額計が2,169億円したので、運転資金は3,570億円となり、営業資金計としては11,705億円となります。


（※3）

短期借入金1,069億円なので、修正営業資金計が12,774億円となります。


（※4）

この修正営業資金計に、固定資金の調達額計8,162億円の合計から固定資金の運用額計13,410億円をしたので経営安定資金計として7,526億円が残ります。


（※5）

この経営安定資金計7,526億円に流動資金の調達計530億円の合計から運用額計918億円をしたので、手元現預金残高は7,138億円となります。


（※6）

創業以来の利益のお金の稼ぎ高8,135億円から返済不要資金運用合計16,497億円を投資しので、利益のお金の残高が△8,362億円が残っている財政状態です。


（※7）

投資物件時価評価額とは、いつでも売却可能な資産の売却時の予想手取額をいいます。

倒産防止管理表

JAL　令和6年3月31日現在　単位：億円

	【返済不要資金調達の部】				
	現預金残高	（繰越損益等）			
				資本金等の額	5,856
		前払費用		前受収益	
		長期前払費用		引当金勘定	1,474
		貯蔵品		利益準備金	
		繰延資産		別途積立金	
		回収不能債権		減価償却累計額	
		繰延税金資産	2,292	繰延税金負債	33
		仮払税金		資産除去債務	
		自己株式	4	繰越損益	2,109
		固定資産除却		（繰越損益等）	1,320
		（当期損益）			
	0.00%	売上原価		売上高	16,518
		営業費用	15,423	その他収入	313
		営業外費用	152	営業外収益	92
		特別損失	6	特別利益	50
		法人税及び住民税	433	（当期利益）	959
	2,279	運用額計	16,014	調達額計	24,149
(※1)	8,135	創業以来の利益のお金の稼ぎ高			
	49.31%	（投資資金回収率=累積利益金/返済不要資金運用合計）			
		【返済不必要資金運用の部】		【返済必要資金調達の部】	
		（運転資金）			
		受取手形		支払手形	
		売掛金	1,730	買掛金	1,601
	-129	△前受金		△前渡金	
		未収入金		未払金	3,689
		未収収益	/	未払費用	
		その他		その他	449
	4,009	小計	1,730	小計	5,739
	-439	棚卸資産	439		
	3,570	運用額計	2,169	調達額計	5,739
(※2)	11,705	営業資金計	5,966	純営業資金計	
		運転資金補填額		短期借入金	1,069
				割引手形	
	1,069			調達額計	1,069
(※3)	12,774	修正営業資金計			
		（固定資金）			
		固定資産	13,410	社債	
		有形固定資産	10,955	長期借入金	7,803
		建物	894	代表者借入金	
		設備		預かり保証金	
		構築物		長期未払金	254
		航空機	8,714	リース未払金	
		賃貸用車両・器具		その他固定負債	105
		土地			
		建設仮勘定	1,347		
		無形固定資産	872		
		投資等	1,583		
		使用権資産			
		その他資産		小計	8,162
	-5,248	運用額計	13,410	調達額計	8,162
(※4)	7,526	経営安定資金計	-7,444	純経営安定資金計	
		（流動資金）			
		短期貸付金		仮受（未払）消費税	
		有価証券	165	△仮払消費税	
		立替金		計	0
		仮払金		従業員預り金	
		前払金		預り金	
		未収消費税等		未払法人税等	26
		その他	753	その他	504
	-388	運用額計	918	調達額計	530
	-997	返済不要資金運用合計	16,497	返済必要資金調達合計	15,500
(※5)	7,138	手元現預金残高	-8,362	利益のお金の残高	(※6)
			15,500	借金のお金の残高	
				投資物件時価評価額	(※7)
			-8,362	投資物件処分後利益資金	

（※1）

ANAが創業以来令和６年3月31日までに稼いだ利益のお金は9,669億円です。


（※2）

運転資金の調達額計を6,742億円し、運用額計が2,410億円したので、運転資金は4,332億円となり、営業資金計としては14,001億円となります。


（※3）

短期借入金841億円なので、修正営業資金計が14,842億円となります。


（※4）

この修正営業資金計に、固定資金の調達額計14,309億円の合計から固定資金の運用額計15,642億円をしたので経営安定資金計として13,509億円が残ります。


（※5）

この経営安定資金計13,509億円に流動資金の調達計672億円の合計から運用額計8,173億円をしたので、手元現預金残高は6,008億円となります。


（※6）

創業以来の利益のお金の稼ぎ高9,669億円から返済不要資金運用合計26,225億円を投資したので、利益のお金の残高が△16,556億円が残っている財政状態です。


（※7）

投資物件時価評価額とは、いつでも売却可能な資産の売却時の予想手取額をいいます。

倒産防止管理表

ANA 令和6年3月31日現在 単位:億円

	【返済不要資金調達の部】					
	現預金残高	(繰越損益等)				
				資本金等の額	8,797	
		前払費用		前受収益		
		長期前払費用		引当金勘定	2,619	
		貯蔵品	422	利益準備金		
		繰延資産	5	別途積立金		
		回収不能債権		減価償却累計額		
		繰延税金資産	2,133	繰延税金負債	5	
		仮払税金		資産除去債務	13	
		自己株式	565	繰越損益	-223	
		固定資産除却		(繰越損益等)	-711	
		(当期損益)				
	79.88%	売上原価	16,422	売上高	20,559	
		販売費一般管理費	2,058	その他収入		
		営業外費用	310	営業外収益	307	
		特別損失	28	特別利益		
		法人税及び住民税	465	(当期利益)	1,583	
	872	運用額計	19,283	調達額計	28,952	
(※1)	9,669	創業以来の利益のお金の稼ぎ高				
	36.87%	(投資資金回収率=累積利益金/返済不要資金運用合計)				
		【返済不必要資金運用の部】		【返済必要資金調達の部】		
		(運転資金)				
		受取手形		支払手形		
		売掛金	2,293	買掛金	6,742	
	4,449	△前受金		△前渡金		
		未収入金		未払金		
		未収収益		未払費用	0	
		その他		その他		
	4,449	小計	2,293	小計	6,742	
	-117	棚卸資産	117			
	4,332	運用額計	2,410	調達額計	6,742	
(※2)	14,001	営業資金計	7,259	純営業資金計		
		運転資金補填額		短期借入金	841	
				割引手形		
	841			調達額計	841	
(※3)	14,842	修正営業資金計				
		(固定資金)				
		固定資産	15,602	社債	3,750	
		有形固定資産	13,267	長期借入金	10,175	
		建物	850	代表者借入金		
		設備		預かり保証金		
		航空機	9,338	長期未払金		
		機械装置	285	リース未払金	73	
		備品	111	その他固定負債	311	
		土地	441			
		建設仮勘定	2,242			
		無形固定資産	1,039			
		投資等	1,296			
		リース資産	40			
		その他資産		小計	14,309	
	-1,333	運用額計	15,642	調達額計	14,309	
(※4)	13,509	経営安定資金計	-8,383	純経営安定資金計		
		(流動資金)				
		短期貸付金		仮受(未払)消費税		
		有価証券	6,569	△仮払消費税		
		立替金		計	0	
		仮払金		従業員預り金		
		前払金		預り金		
		未収消費税等		未払法人税等	80	
		その他	1,604	その他	592	
	-7,501	運用額計	8,173	調達額計	672	
	-3,661	返済不要資金運用合計	26,225	返済必要資金調達合計	22,564	
(※5)	6,008	手元現預金残高	-16,556	利益のお金の残高		(※6)
			22,564	借金のお金の残高		
				投資物件時価評価額		(※7)
			-16,556	投資物件処分後利益資金		

提供: Copyright2024. Tamotsu Inagaki 利益資金会計研究所

おわりに

最後までお読みいただきまして、誠にありがとうございます。

この時点利益資金会計は、文章だけでは分かりにくい点も多々あったのではないでしょうか？

現行会計制度一色の時代が、あまりにも長期間継続し、現在も継続され、現行会計の発想と考え方が頭の中を支配されている中で、現行会計とは違う発想と考え方の時点利益資金会計を理解するには、お金とは……、利益とは……、財政状態とは……について、財務の原点に戻って自分の頭で自問自答しながら考える時間が必要不可欠のように感じています。

私自身も、平成8年9月に佐藤幸利先生のセミナーを聴講してから今年で28年目になりますが、この間に空き時間などを利用して、この時点利益資金会計のことを頭の中でいろいろと考えをめぐらした結果、前書の出版時点では気付かなかった点や前書の言い回しでは不明確な点や間違っていた点などをできる限り修正したつもりですが、この研究は私が一人でやってきただけなので、まだまだ言い足りない点や間違っている点などがあるかもしれません。

今後は、本書を多くの会計学者や会計専門家や会計実務家等にお読みいただき、この時点利益資金会計の理論をより発展させていただきたいと思っていると同時に、非上場会社のより多くの経営者にこの時点利益資金会計をお伝えいただき、財務が強い会社づくりの支援をしていただければと思う次第です。

これからは、佐藤幸利先生の遺志を引き継いで、この資金会計をより発展させた「時点利益資金会計」の「倒産防止管理表」と「お金の損益計算書」を、少しでも多くの経営者の皆さんにお伝えしていきたいと思っております。

健全で強固な財務構築のお手伝いができれば、それに勝る喜びはありません。

また、時点利益資金会計にほんのわずかでも、ご関心を持たれた社長さんや会計学者や会計実務家等がおられましたら、お気軽にご連絡をいただければと考えています。そして、共にこの時点利益資金会計の研究と普及ができればとも考えていますので宜しくお願いいいたします。

２０２４年９月吉日　　有限会社マーフシステム　代表取締役

財産経営コンサルタント

税理士　稲垣 保

稲垣保（いながき・たもつ）

有限会社マーフシステム代表取締役、財務経営コンサルタント、税理士。
1974年東京経済大学卒業。新卒入社した会社を2年で退職し税理士試験に専念。1977年に簿記・財務諸表論・法人税法・所得税法の4科目を受験して3科目に合格し、同年9月から会計事務所で働き始める。1979年に法人税法、1981年に相続税法に合格。1985年に相続対策コンサルティング会社に転職し、1989年12月に独立して有限会社マーフシステムの設立と稲垣税務会計事務所を開設する。1996年9月に佐藤幸利先生が主催するCMA研究会に参加し、利益資金会計研究所を併設して資金管理指導を実践。現在まで「お金の研究」を継続している。著書に『経営者のための利益のお金が見える会計』（WIP）。

有限会社マーフシステム
HP：http://www.mafsm.jp

メールアドレス：postmaster@mafsm.jp

可視化会計
本当の利益を掴む術

2024年9月18日　初版発行

著　者　稲垣保
発行者　野村直克
発行所　総合法令出版株式会社
〒103-0001　東京都中央区日本橋小伝馬町15-18
EDGE小伝馬町ビル9階
電話　03-5623-5121
印刷・製本　中央精版印刷株式会社

落丁・乱丁本はお取替えいたします。

ISBN 978-4-86280-964-3
総合法令出版ホームページ　http://www.horei.com/